中小学语文教育与教学研究

甘明静　洪炳强　著

吉林出版集团股份有限公司
全国百佳图书出版单位

图书在版编目（CIP）数据

中小学语文教育与教学研究 / 甘明静, 洪炳强著
. -- 长春 : 吉林出版集团股份有限公司, 2022.8
ISBN 978-7-5731-1826-4

Ⅰ . ①中… Ⅱ . ①甘… ②洪… Ⅲ . ①语文课—教学
研究—中小学 Ⅳ . ①G633.302

中国版本图书馆CIP数据核字(2022)第136881号

中小学语文教育与教学研究

ZHONGXIAOXUE YUWEN JIAOYU YU JIAOXUE YANJIU

著　　者	甘明静　洪炳强
出 版 人	吴　强
责任编辑	孙　璐
助理编辑	王　博
开　　本	710 mm × 1000 mm　1/16
印　　张	9.5
字　　数	160千字
版　　次	2022年8月第1版
印　　次	2022年8月第1次印刷
出　　版	吉林出版集团股份有限公司
发　　行	吉林音像出版社有限责任公司
	（吉林省长春市南关区福祉大路5788号）
电　　话	0431-81629667
印　　刷	三河市嵩川印刷有限公司

ISBN 978-7-5731-1826-4　　　定　　价　58.00元

如发现印装质量问题，影响阅读，请与出版社联系调换。

目　录

上　篇

下 篇

上　篇

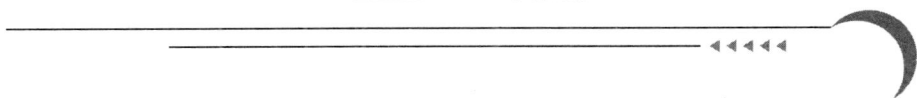

第一章　小学语文教学艺术

科学性是小学语文教学成功的基本条件，若没有科学性，小学语文教学将会变得盲目、无序，失去正确方向。而艺术性则是小学语文语文教学的活性因子，若不讲究艺术性，小学语文教学就会变得死板、乏味，缺少勃勃生机与活力。

第一节　小学语文教学艺术理念

艺术是一种美的追求，也是美的方法和手段。小学语文教学艺术是小学语文教师本身独有的创造力和审美价值的定向，是小学语文教师在小学语文课堂教学领域中的结晶，是一个教师在长期课堂教学实践中积累起来的"教学经验""教学技能""教学技艺"发展的高级阶段和理想境界。小学语文教师在小学语文课堂教学实践中，根据教学目标，针对学生的心理特点和教材特点，富于创造性地选择恰当的教学模式，安排精巧的教学过程，运用新颖的教学手段，都属于小学语文教学艺术应用的范畴。小学语文教师在小学语文教学中要树立艺术的理念，运用艺术的方法，实现理想的效果。小学语文教师在追求小学语文教学艺术理念时，要把握以下四个方面的内容。

第一，小学语文教学艺术是一种"美"，要遵循美的规律，追求美的教学境界。在小学语文教学中，发挥创造精神，调动各种因素，显现时空变换的流动美、视听转换的立体美、绘景状物的色彩美、语言表达的音韵美、应对自如的机智美、启迪思考的哲理美等，可以极大地刺激学生的学习情绪，满足学生的学习需求，创设愉悦和谐的教学氛围，取得良好的教学效果。

第二，小学语文教学艺术，不仅要使学生愉快地学习语文，还要使小学语文教师愉快地教语文。小学语文教学艺术在关照教学对象的同时，也是对教师自身的审美关照。要达到这个境界，就离不开创造性的教学谋划和创造性的教学行为。小学语文教学设计是教师的创造性思维在小学语文教学谋划中的运用，教师对教材的处理艺术、对学生学习力的判断艺术、对自我教育力的估价艺术是谋划的科学依据，对课文教学目标的确立与陈述、对教学方法的选择、对教学结构的安排，直接影响着小学语文课堂教学行为。因此，我们可以说，"运筹于帷幄之中，决胜于课堂之上"。

第三，小学教学艺术就是审美化的教学活动。学术界对小学语文教学艺术的探讨，对于认识小学语文教学艺术的本质具有借鉴作用。小学语文教学艺术，是指审美化的语文教学设计、语文教学行为或语文教学中的审美特征。小学语文教学艺术中谋划的物化产品就是教学设计方案，这是对小学语文教学艺术相对静态的认识。小学语文教学艺术的动态性特征表现为教学的行为艺术。如果说设计艺术属于"战略"这个范畴，那么行为艺术则属于"战术"的学问。一切课堂教学的技术、技能，只要具有了创造性的审美特质，就可以包括在行为艺术中。

第四，小学语文教学艺术往往具有个性化的教学风格。艺术化当中必然有个性化。个性化是有效体现小学语文教学人文精神的重要手段。小学语文教学中需要教师的积极参与和投入。由于思想认识、社会阅历、性格爱好等诸方面的差异，教师对教材的认识、处理必然会烙上强烈的个性印记，并将之体现于引导学生品味语言、探索思路、把握主旨、鉴赏意境之中。实际上，小学语文教学的风格就是教师人格的外化。因此，小学语文教师应不断丰富自身的学识，提高自身的修养，在教学中努力发挥自己的特长。

小学语文课堂教学艺术包括的内容很多，这里仅从以下四个方面讨论。

一、导入新课的艺术

良好的开始，是成功的先导。各项工作都是如此，教学也不例外。做好新课导入，可以起到先声夺人的效果，为整节课的进行打好基础。有经验的教师上课，非常重视导入新课的艺术。巧妙地导入新课，可以强化学生的求知欲望，激发学生的学习兴趣，使学生善于思考问题，以及培养学生的定向思维。重视导课艺术的教师，往往能迅速集中学生分散的注意力，活跃课堂的气氛，收到优异的效果。所以，善于导入新课，是讲好课的重要一环，是教师应掌握的基本功。

导入新课的方式，根据不同的学科、不同的内容，教师可以灵活运用。常用导入新课的方式有以下三种。

（1）设疑提问，导入新课。

讲课一开始，教师要善于提出富有思考性的问题，使学生集中注意力，积极思考。这样，老师提出问题，学生带着求知欲去听课，可以收到良好的效果。

（2）直观演示，导入新课。

教师使知识形象地进入学生的头脑，也是教学的一门艺术。一些抽象的知识，通过直观演示的导入能够具体化，为学生提供和积累丰富的感性经验。有的学科教师将挂图、模型、实物等引入新课，能引起学生的兴趣，使学生充分感知、加深理解、增强记忆，培养学生的观察力和想象力，有效地发展学生的智力。

（3）激发感情，导入新课。

人的思维活动不是凭空产生的，而需要借助情境的刺激作用。在小学语文课堂教学环境中，教师善于创设情境，正是引发学生创造性思维的重要条件。导入新课时，教师如果能充满情意并感染学生，学生便能主动学习，提高学习兴趣。

二、课堂讲授的艺术

在小学语文课堂教学中，课堂讲授可以向学生高效率地传授知识和技能，发展学生的智力。优秀的教师在上课时，总是认真讲授、准确无误，方法灵活多样，重点突出。教师每节课要讲授的内容很多，但是究竟开头怎样讲、中间怎样讲、结尾怎样讲，哪些应精讲、哪些应提问、哪些应练习、哪些应自学，所有这些都要全面安排，做到心中有数，切忌盲目、无计划，照本宣科，平铺直叙，轻重不分。在各教学环节都安排恰当的前提下，课堂讲授的成效，主要是通过语言来进行的，即取决于教师语言的艺术。

（一）教师语言的准确性和精练性

在小学语文课堂教学中，学生通过教师的讲授来学习领会知识。只有教师的语言能为学生所接受，才能提高教学效率。因此，教师讲授的语言必须准确精练、逻辑性强，具有严密的科学性。

（二）教师语言的节奏感

在小学语文课堂教学中，如果教师的语言具有节奏感，那么它将更能集中学生的注意力，避免单调刺激，减少学生的疲劳，使教学气氛和谐轻松。例如：教师在讲授概念和重点问题时，声调要有力，速度要缓慢，要深入分析论述，给学生留下深刻的印象；讲授次要问题时，速度可稍快，声调可稍低。教师讲课的语言，切忌速度太快或太慢，以及声调太高或太低。

（三）教师语言的幽默感

小学语文课堂教学中的幽默，就是运用各种巧妙的、出人意料的或引人发笑的语言、动作与表情，以活跃课堂气氛，吸引学生的注意，增强学生求知的欲望和启发学生的智力。

三、组织教学的艺术

组织教学是小学语文课堂教学的重要组成部分，是集中和保持学生注意力的一种手段，是一节课顺利进行的可靠保证。组织教学不是在一节课一开始时进行，而是应贯串一节课的全过程。教师能够把准备好的教材内容，有效地传授给学生，组织好课堂秩序，是一个重要的问题。组织教学工作，应注意以下两点。

（1）组织课堂秩序，集中学生的注意力。

在秩序较乱的班级，教师如果不组织课堂秩序，就难按计划完成教学任务。即使在秩序较好的班级，开始也要组织课堂秩序。组织课堂秩序常因教师而异，有的教师面对混乱的课堂和颜悦色，只用和蔼的目光、可亲的手势，就可以使学生顿时安静。这说明，组织课堂要讲究艺术性。

（2）善于利用反馈信息，组织教学进程。

在讲课过程中，教师要根据教学的内容和方法，组织好教学进程。如果在讲课过程中发现大多数学生表情不对，如皱眉、瞪眼、精神萎靡等，说明他们没有很好接受教师所讲的知识，教师就不应再讲下去了，而应该问学生什么地方听不懂，必须重讲或进行辅导性讲解。

四、课堂板书的艺术

板书是教师增强上课效果的有力手段，是教师必备的一项基本功。教师板书的工整程度，直接影响着教学效果。精心设计的板书能把所要讲的主要内容形象地展现在学生的眼前，使学生细致观察，充分感知，领会要领，加深理解和记忆，同时还能表现美感，潜移默化地陶冶学生的情操。

教师一节课要讲的内容很多，不能把所讲的东西都写在黑板上，所以好的板书要具备中心突出、立意鲜明、眉目清晰、条理工整的特点。优秀教师上课，都会精心设计板书。板书不好或不写板书，都会影响到教学效果。

板书的格式多种多样，应用最多的是提要式、词语式、图示式、表格式等。无论采取哪一种形式，教师都必须做到以下三点。

（1）内容要确切，外形要规范。

板书的内容要突出重点，详略有别、确切，层次分明。板书的外形要讲究规范、大小适当、工整醒目，严防模糊潦草、杂乱无章。

（2）要合理布局，新颖别致。

板书的布局，要讲究格式、选择位置。板书要合理而清楚地分布在黑板上，使学生易于观察和理解。设计板书时，不要始终采用同样的模式，要注意新颖别致，以集中学生的注意，引起学生的兴趣，激发学生学习的积极性，获得最佳教学效果。

（3）讲解要与板书、板图相结合。

在小学语文课堂教学中，教师既要精讲重点，又要展示变化多样的板书与板图，图文并茂，二者有机结合，更能加深学生对所学知识的理解，提高教学效率。这样就可以使学生一目了然。

总而言之，小学语文课堂教学是一门艺术，对提高教学质量起着至关重要的作用，因此每位教师都应对其进行深入的探索和研究。

第二节　小学语文教学艺术主要的特征

一、具有内外结合的审美性

（一）探求教学内容的美

小学语文教材中编选的课文，大都是"依照美的法则创造出来的"文质兼美的典范文章，是集中反映自然、社会、艺术、科学、语言等客观美的结晶，蕴含着丰富的审美内容。在小学语文教学中，教师要精心钻研，吃透教材，把握内容精髓，挖掘其美的因素，把学生带入美好的艺术境界，用美的信息激发、引导学生的审美心理和情感，培养学生具有人类崇高理想的审美意识，使学生获得健康的心灵和高尚的审美情趣，形成正确的审美观念和健康的审美品质。

（二）塑造教师形象的美

教师对自我形象的美学追求，应当把握外在美与内蕴美之间的辩证关系：外在美是内蕴美的表现形式，内蕴美是外在美的表现内容。外在美主要指教师的教态美和教学表达形式的美；教态美指教师在教学过程中表现出来的仪表、表情、动作等诸多方面的综合美，表现为衣着整齐美观，仪态端庄大方，举止自然得体，态度亲切热情、庄重真诚等；教学表达的形式美则表现在多方面，诸如生动形象、富有情感、缓急有度、幽默诙谐、抑扬顿挫的语言美，张弛交错、疏密有致的节奏美，干净整齐、清晰、和谐、书写规范而又俊秀的板书美等；内蕴美则涉及教师的道德品质、知识修养、能力结构、心理素质等诸多方面，教师的内蕴美有震撼人心的力量，或滋润心田的魅力。

小学语文教学艺术的审美特征，要求教师必须具备丰富而深厚的审美修养，具有相当的感受美、欣赏美、创造美的能力。教师的审美修养越高，对美的感受和理解就越深刻，这直接影响着教学艺术的创造。优秀教师具有较高的审美修养，他们不光具有娴熟的技能、技巧，更重要的是能自觉地按照美的规律来进行教学，从审美角度进行教学设计，处理教学内容，安排教学活动，深入挖掘语文教材中的审美因素，创造审美的教学环境，使教学提高到审美化的境界，在教学中，拨动学生"美感的琴弦"，启迪学生"创造美的智慧"，训练学生的审美创造力。

（三）引导学生对美的追求

1. 要善于引导学生发现美

优秀的文学作品能净化人的感情，培养人的情趣，美化人的灵魂。因此，在小学语文教学中，教师要善于引导学生发现美。教师首先要把学生带入作品的艺术情境中，让作品所展示的鲜明而真实的生活画面在学生头脑中多次浮现。

2. 要挖掘教材中的美，指导学生学会赏析美

翻开一篇篇文学作品，一幅幅情景交融的美景就会生动地展现在大家的面前，其中不乏社会美、自然美、形式美、结构美、人格美等。在小学语文教学中，教师应调动语文教学手段，从整体到局部，从字、词、句到篇章结构，从人物形象到思想品格，从内容到形式，引导学生品味、领悟、鉴赏、分析作品美的意蕴。字、词是较小的语言单位，如果说一篇文章好比一栋房子，那么每个词语就是其中的一砖一瓦。品味课文中的字词，能更深刻地理解文章的中心。

3. 要引导学生感悟生活和生命的美

小学语文教材展示的是形象美，从形象具体的美中去感悟人生、体验生活，是一种思想的开拓、心灵的洗涤。在小学语文教学中，教师要善于引导学生结合课文、联系生活，品析课文中人物的德行美，不断提高学生的思想品质。

在小学语文教学中，教师要以饱满的情绪去创设鉴赏、分析的氛围，点燃学生思维的"火花"，对作品做出较为客观、正确的评价，辨别出事物的真伪、善恶、美丑，培养学生健康的审美观点和对美的鉴赏能力，陶冶学生美的情操，培养学生美的心灵。

二、具有师生互动的情感性

蔡元培先生说过："美育者，应用美学之理论于教育，以陶养感情为目的者也。"教学艺术是一种交流艺术，在传授知识的同时，伴随着师生间的情感交流。可以说，学生在师生交流情感的过程中掌握知识，在掌握知识的过程中交流感情。在小学语文教学过程中，教师既要晓之以理，又要动之以情。教师要努力运用课文佳作中所包含的真挚感情，叩击学生的心弦，激起学生感情的共鸣。教师钻研教材时必须"沉进去"，披文入情，把握作者的思想脉络，体会作者感情的波澜。教学时，教师要紧扣作品的文字，用准确生动的语言打动学生的心，使学生胸中泛起涟漪或掀起波涛，激发学生爱憎分明的感情。

语文是表情达意的工具。课文是小学语文教学中情感信息的主要来源。文章由情铸成：有的抒情如急峡波涛，飞逐奔腾，一泻千里；有的则蕴藉深沉，含蓄有致。教师要善于挖掘文章中丰富的情感因素，从意象、语言等表达中捕捉情感的信息，品味文中真正的情感内涵。

乔治·贝克（Geogrey Baker）说，戏剧"造成的高潮，都须使一场、一幕或全剧里最强烈的感情，在观众中产生出来。而且，这情感的共鸣中'高潮'之所展示的全部运动的顶点，有力地唤起欣赏者对于整个戏剧运动的由'顶点'所做的居高临下的想象和回顾；合乎必然的'发展规律'，则促使欣赏者去做整体的、深层次的理解"。小学语文教师在教学过程中也应抓住课文中可能形成共鸣的动情点，这个"点"在抒情作品中就是情感的凝聚点，在哲理性作品中就是情理的融合点，在叙事性作品中就是情节的高峰点。教师要深刻体会作者和课文中人物的思想感情，使自己与作者、课中人物形成情感的感应交流，并在此基础上以情感打动学生，激起学生情感的共鸣。

唐代诗人白居易在《与元九书》中说过："感人心者，莫先乎情，莫始乎言，莫切乎声，莫深乎义。诗者，根情，苗言，华声，实义。"语文教学的内容，大多是情感倾注其中的作品；语文教学的对象，是富有情感的学生。艺术活动是以下面这一事实为基础的：一个用听觉或视觉接受他人所表达的感情的人，能够体验到那个表达自己感情的人所体验过的同样的感情。教学语言达到一定艺术水平，渗透其间的情感定会感染学生。因此，教师要强化教学语言的情感性，突出不同教学内容的情感特征。同时，教师可借助其他教学艺术手段，通过一定的教学技艺把学生引入课文的特定情境，与文中情感的波涛形成冲撞对流，有时可以通过一个个小高潮逐层铺垫，以求涓涓溪流聚成滔滔之江河，有时可筑起道道"堤坝"，实施情感的蓄势和积累，造出感情波涛涌动翻腾、奔泻直下的胜景，形成教师的情感与教学内容、教学气氛的协调统一与完美结合。

三、具有多元立体的形象性

小学语文教学的思维形式，当然也离不开形象思维。教师的语言直观性对学生的认识、感觉等心理活动起着重要作用。除语言直观外，还要借助动作、图像、影视、音响等手段，使抽象的内容形象化。形象性是小学语文教学艺术的一个重要特征。

（一）语言的形象功能

亚里士多德在其名著《修辞学》中曾要求："文字必须将景物置诸读者眼前。"我国宋代诗人梅圣俞认为，写诗要"状难写之景，如在目前"。教学语言在描摹教材或某些生活场景中的形象时也应如此。教师要运用形象化的语言讲解知识，使学生通过具体而感性的形象思维活动把握抽象的理性知识；运用比喻、拟人、夸张等艺术手法，尽可能逼真地再造教材或生活中的场景和形象，通过生动的描绘，复现作品中的形象，体现画面的神韵，使学生产生如临其境的感受；运用精彩的艺术处理，"创造"形象的美，运用教学语言的艺术描摹，"状难写之景，如在目前"，使语言形象比文字形象具有更强烈的感染力。

（二）体态语言的形象作用

教学语言不仅包括口头语言，也包括体态语言。体态语言，是用手势、姿态和表情来表达某种意思的一种无声语言，它辅助有声语言更准确、更生动地表情达意，使抽象的语言符号变为形象的活动，弥补语言表达之不足。一个形象的手势，一种鼓励的目光，一个亲切的微笑，一种高雅的姿态……都会给学生留下深刻的印象。巧妙恰当地运用体态语言，可增强教学的形象性，使师生感情融洽，激活学习情趣，提高教学效率。

（三）电化教学的形象化效果

小学语文教学艺术是运用语言艺术、影视艺术、表演艺术、造型艺术等多种手段，将时空艺术、视听艺术等融为一体的综合艺术。随着科学技术的迅猛发展，用电化教育手段以辅助教学，在小学语文教学中运用日益普遍，更丰富了教学的形象性特征。幻灯、投影、录音、录像、电视、电影、电子计算机等电化教育手段的广泛应用，使抽象的教材更加形象化，使教学日趋生动，有声有色，感染力得到增强。

四、具有创新与激励的创造性

"创造是艺术的生命"这一文学艺术特有范畴内的至理，对于教学艺术同样适用。马克思指出："人在积极实现自己本质的过程中创造、生产人的社会联系、社会本质，而社会本质不是一种同单个人相对的抽象的一般力量，而是每个单个人的本质，是他自己的活动，他自己的生活，他自己的享受，他自己的财富。"瓦西里·亚历山德罗维奇·苏霍姆林斯基（以下简称"苏霍姆林斯基"）认为："我熟悉几十种专业的工作人员，但是没有比教师更有求知精神，不满足现状，更充满创造思想的人。"教师的工作充满着创造性，教师是艺术创造的主体。

教学艺术是教师本质力量的显现。语文教学艺术的创造，是教师根据一定的教育审美理想，按照美的规律而进行的一种培养人的自觉和自由的活动。教育审美理想体现了教师内在固有尺度的要求，体现着教师进行教学艺术创造的目标，激励着教师追求和创造教学艺术的热情，吸引着教师为创造美好的教学而努力。教师的审美修养直接影响教学艺术的创造。具有较高审美修养的教师不光能运用娴熟的技能、技巧，更重要的是他们能自觉地按照美的规律来进行教学，使教学提高到审美化的境界。语文教师以饱满的热情致力语文教学改革，不断积累知识，提高科学文化素养，经过长期的磨炼和艰苦的探索，形成娴熟的教学技能，创造语文教学美的艺术。

在小学语文教学过程中，教师不仅要自己创造，而且要指导鼓励学生去创造。只有当教师和学生的主动性、创造性都得到表现时，教学过程才称得上教学艺术的创造过程。俞子夷先生在《教学法的科学观和艺术观》一文中对此提出了独到的见解，他说："教学法是艺术，教员是和学生共同活动的。"在教学中，"教师一方面要尽情表现，一方面又不能不把学生当中心。听戏、看文艺、鉴赏美术，是随意的：听得懂就听，听不懂不妨走；看得懂就看，看不懂不妨换一种；以为好就鉴赏，以为不好就不管它。教员却不能：学生听不懂，要教到学生一定听得懂，并且愿意听；学生看不懂，一定要设法使他看懂，并且愿意看。所以，教员的艺术是一种介绍、传达、引导的艺术"。

小学语文教学艺术的创造，只有师生共同活动才能显现出来，教师应在创造性教学活动中应用教法、指导学法，发挥教师的主导作用，充分调动学生学习的主动性、积极性，提高教与学的整体效益。教师要创造性地理解教材、处理教材，追求教学的新颖性和高效率，并引导学生参与创造性教学活动，使学生逐步掌握运用创造性学法所需的技能。

任何教学艺术的创造都应是美的创造，任何教学艺术创造性的外部形态都应当是新颖性和美感性的统一。新颖别致是小学语文教学艺术创造特征的鲜明标志。

小学语文教学艺术的创造性有其独有的特征。小学语文教学艺术的创造性体现在本质上规律性与创造性的统一，内容上创造性教法与创造性学法的统一，形态上新颖性与美感性的统一。

对教育规律的准确把握是创造的基础，对教育规律的灵活运用是创造的标志。在教学活动中，存在制约着教学的主观条件与客观条件，包括教师与教学内容、教学对象、教学设备等。教师要准确地把握教育规律，从分析教学条件入手，充分认识教师的知识水平、智能结构等个性特点，把握教学内容的重点，在此基础上有所创新，真正发挥教学的创造性。教学的创造性，归根结底就是使"科学与实践相结合"和"把科学的原理变成创造性劳动的活的经验"。教师的创造体现在多个方面：因文而生，因人而有，因情境变化而起。教师可以利用教学内容的特点，以自己的主观能动性巧妙地处理教材，激发学生的新奇感；要把握学生发展的个性差异，有针对性地实施教育；还可以设置良好的教学情感环境，进行创造性教学活动等。

审美性、情感性、形象性、创造性是小学语文教学艺术的主要特征，这些特征不是单独体现的，是语言、行为、规律综合的特质，它们熔铸成小学语文教学艺术的独特风貌。

第三节　小学语文教学主要的艺术风格

艺术风格是教学过程中体现教师个人特点的风度和格调，是教师教学思想、教学艺术的综合表现，具有独特性和稳定性。教师独特的教学风格，可以给学生留下深刻的印象，影响着教学的效果，对学生各种心理品质的发展起着潜移默化的作用。

教学风格是教学艺术个性化的集中体现，是教学艺术的升华，是一个优秀教师的教学走向成熟、臻于完美的重要标志。所以，教师在教学过程中要建立自己的风格，或风趣幽默，或妙语连珠，或旁征博引，或深刻精辟，或手段多变。

一、小学语文教学艺术风格形成的因素

小学语文教学艺术风格的形成是一个长期的过程，教师必然要经历一个艰苦探索、不断完善的过程。研究小学语文教学艺术风格的成因，可以从不同的视角来认识与把握。

（一）课堂教学艺术风格形成的内在因素

1. 认知水平

认知水平包括认知结构、体悟与表达等多个方面。教师的认知结构主要是教师头脑里的知识结构，是指其知识的广度、深度、系统性、各类知识之间复杂而特殊的关系，以及迁移性的强弱等。在教师所具备的较为完善的知识结构体系中，除了要有系统、扎实、深刻的本学科专业知识和技能，还应具备比较系统的相关学科的基础知识，教师需要比较系统地掌握与教育学、心理学有关的知识，并能自觉和灵活地用以指导课堂教学活动。

知识结构的完善性为教师在课堂教学中旁征博引、深刻论证提供了基础条件，它是教师形成课堂教学艺术风格的知识基础；体悟是以头脑里的知识结构为基础，从整体上挖掘课堂教学艺术性的过程，也是对原有知识的再加工以形成课堂教学艺术特征的过程。教师体悟能力的高低影响着课堂教学艺术造诣的高低，影响着风格的优劣；教师的表达是课堂教学艺术性外现的基础，不同的表达构成了课堂教学艺术不同的风格。

2. 思维品质

课堂教学艺术要求教师的思维品质具有敏捷性、灵活性、感受性与创造性的特点。这种思维特点在课堂教学中表现为学科特征思维和教学思维。学科特征思维体现为灵活的思维广度、深度、速度、灵活性、条理性等品质特征。教学思维体现在善于观察课堂上学生的心理活动，善于恰当迅速地调节课堂教学活动，以求得最佳的课堂教与学的效果。教学思维的敏捷性与灵活性体现了教师对课堂教学中客观反映的应变能力和教学机制，它保证了课堂教学良好状态的形成、保持与发展。而思维的感受性是对课堂教学进行艺术

加工的基础，也就是把形象、生动的感性世界上升到理论认识，并且在课堂教学中还原艺术的这些特征，从而使教学具有很强的感染力。不同教师的思维感受性形成不同的课堂教学艺术风格特征。教师的工作是一项复杂的创造性劳动，课堂教学中他们时常面临着教学对象、教学内容、教学环境的变化，教师必须具备优秀的思维品质，并能在课堂教学中充分发挥出来，这样才能使课堂教学呈现常教常新的局面。教师的思维品质与特点，与形成不同类型的课堂教学艺术风格有着直接而密切的联系。

3. 个性与人格特征

教师的个性特征表现在个人的兴趣与爱好、情感与气质等方面。良好的课堂教学应该是师生和谐共创的涌动的生命过程。它不仅是知识的授受过程，更是一个师生情感交流和共鸣的过程；它不仅要使学生的智力得到发展，更要使学生的情意态度得到发展。这些都需要教师具有吸引学生的情感特征。教师的人格魅力是教学中最宝贵的财富。它不仅能在很大程度上促进学生人格健康地发展，而且对于调动学生学习的积极性与主动性，促进学生学业的进步都具有十分重要的意义。在理解别人、与别人相处和了解自己的人格品质上，不同的教师是不同的。教师心胸豁达的程度、敏感性的强弱、对移情作用的理解和把握，以及在客观性、真诚、自信、自重等方面都会有差别。教师的个性特征和人格的差异是形成各种不同类型和水平的课堂教学艺术风格的重要内在因素。

（二）课堂教学艺术风格形成的外在因素

1. 学校教与学的环境

课堂教学是在学校这样一个大背景下进行的，因此首先会受到校风、教风、学风、师生关系等因素的影响。人们逐渐发现良好的教与学的环境和氛围对教学的影响是巨大的。例如，具有严谨、求实校风的学校与开拓、创新校风的学校，其教师课堂教学艺术风格会有所不同，这是学校大背景的不同造成的。

2.学校的课程结构和体系

不同的学校课程结构和体系是影响课堂教学艺术风格形成的重要外在因素之一。单一的课程结构会造成课堂教学形式与内容比较单一。随着教学改革的深入，目前的课程结构和体系都发生了一定的变化。

3.教材

教材是教师课堂教学的重要依据。教材的内容是知识的高度概括，虽然教材编写者试图用学生容易接受的语言表述教材的内容，但这会不可避免地"牺牲"知识三富多彩的一面。因此，教师的一个重要任务就是要以教材为基础，还原知识本来的面貌。而不同的教材，其还原性是不同的，它给予教师灵活发挥的余地也不司。另外，教材的编写思想、编排体系、内容的选取及文字特点都将影响到教师课堂教学的艺术创造。可见，教材也是制约教师课堂教学艺术风格形成的一个重要的外因。

4.教学对象

课堂教学对象的差异会不同程度地影响教师课堂教学艺术风格的形成与发展。学生的学科知识基础与知识结构的不同，智力水平与思维品质的差异等因素，都会直接或间接地影响教师课堂教学艺术的发挥与创新。一名优秀的教师必须善于捕捉和分析学生学习中的动机、行为等心理活动，创造条件把书本的知识转化为学生的真知，并在这个过程中引导学生把学到的知识转化为相应的能力。

二、小学语文教学艺术风格的类型

依据小学语文教学自身的特点，分析其风格，教师在课堂上的谈吐、风度，教师表现出来的文学素养、气质，教师对教学方法的选择、教学语言的运用，教学时师生关系的形态性，都可以作为分析小学语文教学艺术风格的着眼点。小学语文教学艺术风格的类型千姿百态、异彩纷呈。

（一）激情型

"登山则情满于山，观海则意溢于海。"这是一种艺术化色彩，尤其是情感色彩浓郁的教学风格。这种风格类型的教师往往情感丰富、语言优美，具有良好的文学素养。这种风格类型的课堂伴有教师声情并茂的朗读，或有着教师饱含深情的讲述，或伴有情景交融的美丽画面……学生在教师创设的情感氛围中，经历了"感知—感染—感动"的情感历程，与教师、作者及课文中的人物形成情感共鸣，学生吮吸着知识的琼浆，并受到情感的陶冶，得到美的享受。

（二）谨严型

这种风格往往出现在长于逻辑思维的教师的课堂上，教学内容精确，结构严谨，层次分明，教学语言准确、精练、逻辑严密。这种风格的教师注重教学程序的科学性，组织学生严格按照程序进行训练活动，使学生在严格而有序的训练中提高能力，并养成良好的学习习惯和思维严密、表达精确的语言品质。有的教师在指导学生阅读时，借鉴"查问三读法"，把读书过程规格化，制定切合实际的规格，对学生进行严而有"格"的训练，使学生"读有其法，思有其序"。

（三）睿智型

这种风格的教师，十分重视教学过程中创造性思维能力的培养。问点的选择、问题的解析、教法的运用、教学结构的安排，常常是新意迭起、出人意料，体现了创造性教学的活力。课堂上学生思维活跃、思路开阔；教师不依常规、寻求变异，往往从新的角度提出问题，引导学生多方面、多角度、多途径地思考问题，探求解决问题的多种可能性，训练学生用新的观点认识事物，冲破习惯范围，超越常规限度，提出不同凡俗的独特见解。

（四）博雅型

这种风格的教师，大多学养深厚，上课时课内知识与课外知识巧妙结合、融会贯通，他们大多讲求内容的丰富性，善于纵横比较、旁征博引，语言畅达，显出一种大将风度。

第四节 小学语文教学艺术风格的形成与把握

茅盾在分析文学创作风格时说过："所谓风格，亦自多种多样，有的可以从全篇的韵味着眼，用苍劲、典雅、俊逸等形容词概括其基本特点，有的则可以从布局、谋篇、炼字着眼，而或为谨严，或为逸宕，或为奇诡，等等不一"。同样，小学语文教学艺术风格，从不同的角度可以划分出多种不同的类型，就具体的人而言，小学语文教学艺术风格亦有其鲜明的个性特点，同时小学语文教学又在不断追求着风格的多样性。小学语文教学艺术风格的形成标志着教师的教学已进入了炉火纯青、卓然一家的境界，这应当成为每个教师不断探求的理想目标。

一、小学语文教学艺术风格的形成过程

课堂教学艺术是教师独特的教学风格的集中体现，是教师教学工作个性化进入稳定状态的标志。教师形成独特的教学艺术风格，一般要经历以下四个阶段。

（一）模仿性教学

模仿性教学从搬用他人成功的教学经验开始。其模仿性成分较多而缺乏个性；教学方法单一，教学活动还处于随众状态；教师精力多集中在对教材的处理、对教法掌握的探索，对课堂教学艺术的要求还处于萌芽和自发状态。这种积极的模仿是必要的，但应随着教学实践、积极思考、客观评价及教研活动的深入，使自己课堂教学的自立因素不断增强。

（二）独立性教学

这是教学艺术发展的关键阶段，是形成教学艺术风格的前提。这一阶段的教师已能成功地把他人的教学经验转化为适合自己特点的行为策略，并针对教学内容和学生学习特点，独立设计教学结构，处理教学重点和难点，教

学开始呈现鲜明的节奏，教师开始有意识地研究教学语言的艺术性、教学组织的灵活性与技巧性，教学的个性化特征开始显现。

（三）创造性教学

扎实的教学能力、坚定的教学自信，使教学实践呈现创造性的意向和行为。其特点表现在教师对教学方法的改革与综合运用上。例如：自觉探索课堂教学结构和方法的最优化，追求最佳效果；有针对性地研究学生学习的规律与心理特征，有效利用教学信息反馈，实现反馈优化控制；充分利用情感因素，调动学生学习的积极性，力争每个学生通过教学活动得到发展。教师的教学艺术开始发挥其功能效应。

（四）独特艺术风格的教学

教学艺术风格在课堂教学的各个环节已都有独特而稳定的表现，并呈现出鲜明的个性风格。其特征是教师的教学活动与学生学习的内在规律吻合；教师的艺术风格能针对不同水平的学生和教学环境，进入充分自由发挥的状态；教师对教学艺术效应进入自觉追求阶段，不断突破他人，也突破自己，课堂教学成为真正的艺术，从"必然王国"迈入"自由王国"。

二、小学语文教学艺术风格的把握

一个教师，不管其课堂教学艺术风格怎样，但规律都是一致的。在保持风格的基础上，如何让 40 分钟的课堂保持活力、热度、激情，是每一个教师都在探讨的问题，只是每个教师思索的角度和表现形式各有差别。

（一）注重教学内容的疏密有致

古人在论及中国画的构图技巧时说："疏可走马，密不透风"。意思是说留下的空白，可以用来跑马，用墨多的地方连风也吹不过去。语文教学也应讲究"疏"与"密"的技巧。教学活动信息量的疏和密直接影响学生心理感受的变化，"疏"给人舒缓、轻松的感觉，"密"则使人感到急促和紧张。密而不疏，会给人以堆积感。学生长时间紧张，容易疲劳；如果一味地疏而不密，则会使人产生空疏感，学生情绪过于松弛，注意力就难以集中。只有疏密相间，才会给学生带来有张有弛的心理节律，保持旺盛的精力。所以，教学内容的安排要区分详略并进行合理组合与布局，讲究信息的疏密相间、错落有致。一般来说，重点难点要"重锤敲"，要学生精力高度集中，积极思考，以体现一个"张"字。

（二）注重教学方法的巧拙相叠

"拙"，指的是遵循常规，采用常规的教学方法，教学时"守拙"，就是要遵循大纲提出的基本教法；"巧"，指不循常规，灵活运用教学方法，教学中"用巧"，就是要符合教育学心理原则。在教学中，既要遵循常规，又要突破常规，二者结合运用，才能取得最佳的教学效果。例如：围绕重点部分读、思、议来突出教学重点的常规教学方法是"拙"，重点的突破渗透预习或专门性的练习是"巧"；抒情性"浓"的课文，"读读、议议"是"拙"，以读代讲是"巧"；意境优美的课文，引导学生把对课文的理解用语言表达出来（言传）是"拙"，引导学生通过想象进入课文所描述的情境（意会）是"巧"；常识性课文的教学，引导学生从部分到整体，逐一概括出常识性知识要点是"拙"，提供相关资料，让学生参照阅读，加深对常识性知识的理解是"巧"。教师应根据课文特点，确定是"守拙"还是"用巧"，以求取得最佳的教学效果。

（三）注重教学程序的顺与逆融合

"顺"指按课文顺序安排教学程序，"逆"指不按课文顺序安排教学程序，或从结尾段导入，或从重点段教起。教学中也常是顺中有逆，逆中有顺。如逐段讲读课文，是"顺"，但在有的段落的讲读中，抓住某一关键句来理解段落内容，是"逆"，这是"顺中有逆"；抓住篇末的中心句来讲读课文，是"逆"，抓住中心句后，却又是按课文顺序来理解，是"顺"，这是"逆中有顺"。教学程序是"顺"还是"逆"，应根据课文特点和学生的阅读基础确定。对于基础较差的学生，可以"逆"教的课文也应"顺"教，以利学生理解；对于基础较好的学生，可以"逆"教的课文就"逆"教，还可以"逆"中有"逆"，以培养学生的推理能力。

（四）注重教学形态的动静结合

教学中的"动"，是指讲解、朗读、讨论、操作，是"有声有行"的教学；"静"，是指学生的默读、观察、思考、想象，是无声世界。教学中的"动"，可以活跃课堂气氛，能使学生保持注意力；"静"则有利于学生思维的深入。教学中，如果"动"多"静"少，表面上热热闹闹，但学生的思维很少参与学习，那么学习效果肯定不好；若"静"多"动"少，则学生容易疲劳，不能有效利用"静"的时间。因此，教师应考虑年级特点，合理搭配"动""静"，低年级以"动"为主，随着年级的升高，要增加"静"的次数，延长"静"的时间。

（五）注重教学语言的庄谐相济

教学语言的"庄"指用词准确，逻辑性强；"谐"指有趣，有幽默感。理解教材，主要靠符合逻辑的讲述，但用词准确且有逻辑性的讲述时间一长，容易引起身心的疲劳，因此讲课应该是亦庄亦谐，寓庄于谐。导入时宜谐，激发兴趣和诱导注意力的定向；在集中精力突破难点后宜谐，能使学生大脑有所放松，较快地消除疲劳。高年级应庄谐并用。在教学中，创设情境的语言是"谐"，设置悬念的语言是"谐"，形象化的描述能引起学生想象的是"谐"，借用其他行业的语言或流行语于教学的也是"谐"。另外，调侃学生是"谐"，它容易激发学生的竞争心理，但自卑心理较重的学生容易受到伤害，因此须慎用。

（六）注重教学风格的情理互生

在教学风格中，有的教师擅长用"情"，善于调动学生的情感，使学生爱学、乐学；有的教师擅长用"理"，符合逻辑的教学程序的安排和有很强逻辑性的讲述，使学生掌握知识和学会学习。据心理学研究发现，上述两种风格都可取得较好的教学效果。学生学习有两个心理系统在起作用：一是动力系统，如兴趣、情感、动机；二是认识系统，如观察、记忆、思维、想象。擅于煽情的，促使学生动力系统起作用；长于说理的，则促使学生认知系统起作用。在教学中，应力求把二者结合起来，形成混合性的风格。擅于"煽情"的要学习有条理的讲述，靠逻辑的力量提高教学效率；长于"说理"的要学习激发学生的兴趣，调动学生的情感，使学生爱学、乐学。在教学中，教师要灵活运用各种教学技能技巧，使之处在协调、适中、完美的状态中，这样学生才能在和谐中进步、提高、发展。

第二章 小学语文有效教学策略

第一节 小学语文识字与写字教学

小学语文识字与写字教学，包括汉语拼音教学、识字教学和写字教学三部分。学生生理、心理及语言能力的发展，具有阶段性特征。不同内容的教学也有各自的规律，应该根据不同学段学生的特点和不同的教学内容，采取合适的教学策略。

一、汉语拼音的教学方法

（一）在优美情境中学习拼音

现在的汉语拼音教材，几乎每节课都把所要学的零散拼音内容有效地整合成接近学生生活的、情趣盎然的情境图，所配插图大都既提示字母的音，又提示字母的形，不但在视觉上给学生以愉悦的感受，而且在内容上体现了生活的美好，体现了积极向上的人生态度。在教学时，许多教师都能恰当地运用教材，充分发挥教材的优势。例如，有的教师在教学复韵母时，在教学流程的编排中，先是利用情境图引出要学习的"ang""eng""ing""ong"四个字母。在学生充分认读之后，又利用"表音表义图"，加强对字母的识记，并进一步利用"语境歌"，巩固字母的认读效果。这样的设计巧妙灵活地运用了教材中创设的"两境"，为拼音教学服务。儿童是用形象、色彩、声音来思维的。情境的创设，使拼音课堂教学妙趣横生，学生在优美的情境中，可以展开想象的翅膀，在不知不觉中主动学习拼音。

（二）在生活语境中学习拼音

首先，要有意识地把学生从生活中获得的经验转化为学习新知识的基础，巧妙地在学生已有的生活经验与学习对象之间建立起新的联系。例如，在教读单韵母时，有的教师播放翘着尾巴、吐着泡泡的大红鲤鱼的幻灯片，让学生观察图形与字形、图意与读音之间的相似处，学生借助他们原有的对"鱼"的生活认知，就很容易认识并掌握单韵母"ü"的字形和字音。

其次，学生学习汉语拼音，是一个从语言实践中来，又回到语言实践中去的过程，所以拼音教学不仅要利用学生熟悉的生活环境，激活学生的生活经验，还要多组织与学生的生活紧密联系的语言活动，鼓励学生将所学的汉语拼音运用于实际生活中。教师要充分利用一切学习资源和实践机会，让学生在生活中学，在生活中巩固。例如，在教学具体音节时，教师可以从学生身边的生活事例、学生最熟悉的口语或学生接触的生活物品等入手，引导学生从中提炼出对拼音符号的认同与理解，并进一步让学生联想生活中与此音节相同的其他语词，还可以引导学生把学过的拼音制成标签，贴在自己的学习用品及生活用品上。

（三）在快乐的游戏中学习拼音

游戏是儿童的天性，也是儿童快乐的源泉。把汉语拼音的学习和游戏有机地结合起来，在游戏中学，在活动中学，能有效地激发学生学习的兴趣，吸引学生的注意力，收到良好的教学效果。在拼音教学中，教师可以利用各种有趣的形式，创设生动活泼的学习情境，吸引学生主动参与、互动学习。如编儿歌、找朋友、摘果子、猜猜看、摆字母、讲故事、打拼音牌、做拼音操、开火车等，这些都是拼音教学中常用的学生喜欢的游戏形式。游戏的过程，其实就是学生进行大量的语言活动和肢体活动的过程。在这一过程中，学生不仅能主动、轻松地掌握拼音知识，还能发展他们的语言能力和思维能力，激发想象力和创造潜能，并在学习中获得快乐的情感体验。

二、识字教学的策略

（一）形、音、义结合，以字形教学为重点

识字教学包括字形的教学、字音的教学和字义的教学，这是识字教学的

主体内容。在学生识字时，教师要使汉字的形、音、义三个基本因素紧密联系，最终达到学生会读、会解、会写和会用的程度。汉字是记录汉语的符号系统，是字形、字音、字义的统一体。识字教学应该根据汉字的特点，贯彻字形、字音、字义结合的原则，使学生读准字音、认清字形、了解字义，从而获得对一个字的完整认识。

相对于字音和字义，字形是学生学习的新因素，是他们经验中所缺少的。对字形的掌握比对字音、字义的掌握要困难得多。有实验证明，在巩固生字的检查中，字形错的频率往往要比字音错、字义错高得多。可见，字形是识字教学的关键，也是识字教学的难点。应该强调的是，字形学习不是孤立的。识字教学应该充分利用学生生活经验中已有的字音、字义联系，与字形建立新的统一体。当然，如果生字的字义是学生所不熟悉或较抽象的，教师则要先帮助学生建立新的字音、字义的联系，然后在此基础上建立字音、字义与字形统一的联系。

（二）利用汉字规律，引导学生认识汉字的魅力

汉字是表意文字。在教学过程中，教师可以充分利用汉字的表意功能、汉字的结构或汉字的造字原理，适当渗透相关的字理知识或其中蕴含的文化信息，让学生在不知不觉中感受汉字的优美和趣味，发现汉字的特点和规律，从而有效激发他们主动识字的愿望，培养他们独立识字的能力。例如，有的教师在教学时，巧妙地利用汉字的造字原理，引导学生依据象形字的造字特征，联想生活经验，使学生很快掌握兔、羊、竹、木、鸟、禾等字的字形识记方法，使独体字的学习过程形象化和趣味化。正是以文化的视野站在更高的境界去认识识字教学的意义和规定识字教学的目标，教师才能在教学内容的选择中，树立文化渗透的意识，充分利用汉字规律，引导学生认识汉字的优美。

（三）运用多元识字法，激发学生的识字兴趣和潜能

每一种具体的识字方法，虽然各具特色、各有所长，但不可能是全能的、没有局限的，所以在教学中应当取长补短。就汉字的属性而言，注音识字强

调字形与口语的关联，字理识字则强调利用汉字形义统一的原则；就汉字的习得阶段而言，韵语识字适用于识字的初期集中积累阶段，分散识字则更适用于识字的中后期积累运用阶段，等等。在教学中，教师要根据不同的教学阶段和汉字的不同属性，选择不同的识字方法和教学策略。教学方法与教学策略的多元化，既可以灵活应对汉字自身的复杂性，也可以有效适应不同阶段的汉字习得要求。在教学中，教师应该尽量用汉字自身的构形原理及其形、音、义统一的科学规律来调动学生的观察力、想象力、联想力和思考力，从而有效激发学生学习汉字的兴趣，开发他们的各种识字潜能。

（四）创设良好的识字语境，培养学生独立识字的能力

识字教学不仅要注意抓住汉字自身的规律，选择恰当的教学内容，还要注意学生的特点，将学生熟识的语言因素作为主要材料，结合学生的生活经验，引导他们利用各种机会主动识字，力求识用结合。因此，教师在教学中要抓住学生认读汉字的规律，为学生创设识字情境，让学生在生动具体的生活情境和识字语境中，主动识字和用字，逐步获得独立识字的能力。在教学中，教师还要特别注意学生独立识字能力的培养，在示范学习了一个生字以后，概括出学习方法，再引导学生用自己的习惯和喜欢的方法，识记其他生字，让学生在自主学习的过程中，充分发挥个人的识字潜能和创造力。

同时，教师在教学中要深入理解教材的编写意图，开阔教学视野，整合学生生活中的课程资源，把识字与生活、阅读联系起来，为学生创设生动活泼的生活场景，让他们在愉悦的识字空间中调动自己的生活积累，学会运用各种途径和方法主动识字、准确用字。

三、写字教学的策略

《全日制义务教育语文课程标准》提出了加强写字教学的要求，强调教师要重视对学生写字姿势的指导，教师要引导学生掌握基本的书写技能，使学生养成良好的写字习惯。扎扎实实地抓姿势、抓习惯、抓技能，是写好字的关键。

（一）指导学生形成正确的写字姿势

低年级是形成正确写字姿势和良好写字习惯的关键期，正确的写字姿势，不仅有利于提高书写的质量，还有利于学生身体的健康发育。教师应该重视对学生写字前准备工作的指导，正确的写字姿势包括正确的执笔方法和正确的坐姿。以往对写字姿势的指导要求学生写字做到"三个一"，即"胸离桌沿一拳远，眼离书本一尺远，指离笔尖一寸远"，后有实验认为"三个一"不够科学，正确的写字姿势应该是眼离书本 15 ～ 20 cm，指尖离笔尖 1.5 ～ 2 cm，胸离桌面大约 10 cm。在教学中，以端正平稳，自然舒展，不紧张、不局促为宜。

根据低年级学生的年龄特点，教师应在指导学生形成正确的写字姿势时，适当地采用直观形象的方法，如图片展示法。由于低年级的学生对语言的理解感知能力相对较弱，因此让学生通过图片，直观地比较正确的书写姿势和不正确的书写姿势，或借图片告知学生书写及保管文具的过程，可以收到很好的效果。此外，教师还可以采用行为示范的方式。小学生的模仿能力很强，教师的书写姿势对学生来说是最好的示范，也可以让写字姿势良好的学生示范，让学生相互影响。

（二）掌握规范的书写技能

写字教学的核心内容是培养学生的汉字书写能力，要求能够用硬笔和毛笔规范、端正、整洁和美观地书写楷书，并且有一定的书写速度要求。掌握规范的书写技能，是保证写字质量的关键，也是写字教学的核心内容。书写技能包括：正确掌握硬笔字和毛笔字的执笔方法和运笔方法；掌握汉字的基本笔画和常用的偏旁部首，准确地把握笔顺规则和字的间架结构；熟练掌握田字格和米字格练习方式，描红、仿影和临帖练习方式，正楷和行楷练习等汉字书写的练习方式。

在教学中，教师要采用各种方法和手段，帮助学生形成规范的书写技能。例如，有的教师在指导学生学写"十""木""禾"这三个字时，抓住这三个字的字形关联性，采用讲解、书空和范写等方式教学。首先，让学生掌握

"横""竖""撇""捺"这四种笔画的起笔、运笔和收笔的书写技巧；其次，让学生牢记"先横后竖，先撇后捺"的笔顺规则，并书空笔顺；最后，在田字格中，指导学生掌握"十""木""禾"的间架结构。学生在了解了基本的写字要领之后，开始规范练习整字书写。整个教学以学生的书写训练为主，在训练过程中，教师辅以写字要领的知识指导和行为示范。写字训练要循序渐进，写字指导要扎实到位。

（三）引导学生掌握基本的写字要领

知识是形成技能的基础。教师应该结合识字教学，讲清汉字的基本知识，让学生掌握笔画技巧、笔顺技巧和间架结构技巧，了解每个字各组成部分的位置及比例关系。教师要借助行为示范，让学生模仿学习基本的书写技巧。教师的示范具有直观性和表象性，容易在学生头脑中形成可参照的形象。教师正确的写字动作技能演示，有助于学生形成书写技能，特别是运笔的过程，教师往往很难用语言道清其中的微妙。教师采用局部特写的方法进行分解示范，可以使学生清楚、直观地感受书写的过程，进而模仿学习，然后依靠训练，让学生形成扎实的写字基本功。

书写，是人的大脑、手臂、手腕和手指联合协调的活动。书写技能的形成，离不开自身的实践训练。教师可以结合识字教学，指导学生做书写练习，书写是帮助学生巩固识字、学习写字的有效手段。在教学中，要求学生按照生字的笔顺，唱读笔画名称，并用食指在空中模拟书写，然后读出字音，说出字义。这样既可以使生字的形、音、义紧密结合起来，又可以使学生的口、耳、眼、手协调活动，有助于学生集中注意力。

（四）帮助学生养成良好的写字习惯

良好的写字习惯，是学生写好字的基本保障。习惯的形成，是一个长期坚持的过程，需要从严、从实、从点滴抓起。良好的写字习惯，除了保持正确的执笔习惯和正确的写字姿势，还包括正确的书写习惯，要有"提笔即练"的意识。这要求教师在日常的教学中，不仅要训练扎实的书写技能，还要时时巡视、时时提醒，及时发现和纠正不良的写字习惯，不断强化和巩固良好的写字习惯。此外，还可以制定合理、有效的监督评价机制，并让其他科任教师、家长和学生共同参与监督，齐抓共管，真正做到"提笔就是练字时"，为写好规范汉字扎根固本。

第二节　小学语文阅读教学

阅读对于学生语文素养的形成和发展，有着十分重要的作用。阅读活动是一个复杂的心智活动过程，是以思维为核心，依靠全部的心智活动和情感意向的一种活动过程。它借助阅读文本中具有客观意义的文字符号，通过感知、思维、联想和想象等多种心理活动，将阅读主体——头脑中储存的思想材料与读物之间的内容建立起联系，通过创造性的思考，来获得阅读文本的意义。阅读可以丰富一个人的人生，可以涵养一个民族的精神气质，可以铸就一个国家的文化根基。随着科学文化的快速发展，人的阅读领域越来越宽，阅读的地位越来越重要，对阅读的要求也越来越高。

小学语文阅读教学是以培养学生阅读能力为核心目标的一种教学活动，是小学语文教育的重要组成部分。小学语文阅读教学是构建学生语文能力的重要基础，是教会学生感知、理解、吸收和表达信息的重要途径，所以小学语文阅读教学一直是小学语文教育的重要内容。

一、小学语文阅读教学的基本理念

（一）注重文本语言的品位

小学语文教学要引导学生探究文本的内容和作者的思想感情等。但文本的内容和作者的情感，都是借助语言来表现的。因此，教师在探究内容和情感的同时，必须咀嚼、推敲和品味语言，让学生由此获得独特的体验。

小学语文教学的根本任务就是引导学生学习语言，指导学生掌握语言的技巧，发展学生的语言表达能力。语言学习的重点就是感受语言、揣摩语言和品味语言。因此，以课文为载体进行语言学习的小学语文阅读教学，应该给学生充分感受语言的时间和空间，让学生在感受中去积累，在积累中去领悟，在领悟后去运用。教师必须重视并引导学生在一定的语境中理解词语、品评词语和感悟语言的魅力，揣摩文章的表达顺序，领悟文章的表达方式，并引导学生透过语言文字的表层去体会语文的人文精神、理解语言文字中蕴含的人文特征等。尤其是抓住具有张力的字、词、句，深入领悟其中的丰富内涵，这样既有助于学生对语言的理解和积累，使学生形成良好的语感，提高学生对语言的敏感度，又有助于学生的思维训练，培养良好的阅读习惯和方法。

教师必须改变把课文讲解的注意力只放在分析思想内容和写作意图上的做法，要把关注点更多地放在学习言语的表达形式上，将教学的重点放在对课文言语表达的咀嚼和品味上，进而探讨作者为什么这样写，以及写得怎样的问题。

（二）重视对文本的整体把握

在小学语文阅读教学过程中，每篇课文都以其独特的异质成为各自独立的个体，是完整而不可分割的。因此，课文是由知识、思维、情感和审美等各方面教育内容组成的综合体。而这各方面的教育内容，体现在每篇文章的字、词、句、段中。字、词、句、段可以是不同层面的整体，也可以是文章的组成部分。阅读必须以整体把握文本的内容为前提，学生对文本的基本内容、情感和立意方面，应该先有整体的印象。只有这样，才谈得上让学生厘清作者的思路，概括课文的要点，理解作者的思想、观点和感情。小学语文阅读教学必须尊重阅读规律，尊重文本的整体性，重视文本的结构效应，重视对文本的整体把握。小学语文阅读教学过程应通过对文本不同层面的分析与理解，达到整体把握文本的目标。

在小学语文阅读教学过程中，教师应指导学生先通读全文，经过思索，对文章有了整体的感受后，再深入分析，厘清各部分内容之间的联系。具体内容主要包括理解文章标题、提取基本要素、概括主要内容、归纳中心思想，以及厘清思路、线索、层次、结构等。教师应避免让学生对课文的理解仅停留于对文章的部分内容和语言的把握，而缺乏对课文的整体把握和深层领悟，这样才不至于让学生对文本的把握"只见树木，不见森林"。

整体把握文本，还要求学生在阅读作品时，做到"知人论世"，关注作品背后的知识。尤其是对于文学作品来说，作家本人的生活思想与时代背景有着极为密切的关系，因而只有知其人、论其世，即了解作者的生活思想和写作的时代背景，才能客观、正确地理解和把握文学作品的思想内容。对作品创作的时代背景和作者经历了解得越透彻，对作品的感悟就越深入。教师若简明扼要地介绍作者创作的时代背景，学生将会更好地理解作品的思想感情。

（三）关注小学语文阅读教学中的多种对话关系

现代对话理论认为，作者与读者的关系，就其本质而言，体现了人与人之间的精神联系，阅读行为也就意味着在人与人之间确立了一种对话和交流的关系。这种对话和交流是双向的、互动的、互为依存条件的，阅读因此成为思维碰撞和心灵交流的动态过程。读者的阅读，尤其是阅读文学作品的过程，正是一种共同参与，以至共同创造的过程。所以，读者绝对不是消极被动的，而是文学活动的主体。

作为小学语文阅读教学过程的学习者和施教者，学生和教师又都同是文本的阅读者，这样就形成一种"学生—文本—作者"之间的对话关系和一种"教师—文本—作者"之间的对话关系。在阅读中，教师与学生产生的主体感受是不同的。不同的学生阅读相同的文章，所得到的信息也是不同的。小学语文阅读教学是一种教学行为，具有师生双边互动的特点。教师与学生之间不是一种灌输与被灌输的关系，而是一种平等多向交流的关系。在这个过程中，教师与学生面对作品平等交流、积极探讨，心灵的交流和智慧的碰撞可能迸发出灵感的火花。此外，将文本编入教材，有编者的编辑意图。教师和学生在阅读教材中的文本时，要理解感受编者的思想和编辑意图，实际上也就形成一种"教师—文本—编者"的对话关系和一种"学生—文本—编者"

的对话关系。

　　小学语文阅读教学过程的多重对话关系，要求在小学语文阅读教学过程中，强调教师和学生的自主性和独立性。重视学生在阅读过程中的自行发现和自行构建，鼓励学生对阅读内容做出有个性的反应，重视师生之间和生生之间的沟通交流。

　　小学语文阅读教学过程的多重对话关系，要求师生角色和教师作用的定位要准确。教师是课堂阅读活动的组织者、学生阅读的促进者，也是阅读中的对话者，一般来说，教师作为文本与学生的中介，其思想深度、文化水准、人生经验和审美水平都要高于学生，教师可以起到向导的作用，但绝对不能取代学生在阅读中的主体地位。传统的"谈话法"教学，是先由教师预设好结论，然后引导学生猜测的一种教学方式，有人戏称，这是"请君入瓮"。此外，小学语文课堂阅读教学在一个集体中实施，与完全个人化的阅读毕竟不同，这里还有学生与学生之间的对话，因此营造良好的课堂氛围也十分重要。在一个刻板、呆滞的课堂氛围中，富有活力和创意的对话是难以实现的，轻松、活跃、和谐的环境气氛，才有利于激活学生的思维和想象力。

　　（四）尊重学生的阅读主体性

　　阅读是学生的个性化行为，不应以教师的分析来代替学生的阅读实践。应让学生在主动积极的思维和情感活动中，加深理解和体验，有所感悟和思考，受到情感熏陶，获得思想启迪，享受审美乐趣。要重视学生的独特的感受、体验和理解。教师应加强对学生阅读的指导和点拨，但不应以模式化教学代替学生的体验和思考，要善于通过合作学习解决阅读中的问题，但也要防止用集体讨论来代替个人阅读。阅读教学的目标也特别强调阅读者的个性体验，如带有"自己"一词的表述就多达十多处，包括"有自己的感受和想法""做自己的判断""拓展自己的视野""有自己的心得""提出自己的看法""说出自己的体验""通过自己的思考""提高自己的欣赏品位和审美情趣""收集自己需要的信息和资料""制订自己的阅读计划"等。

　　语文课程具有大量具体形象、带有个人情感和主观色彩的内容。教师要重视学生的独特感受和体验，关注学生的学习经验和学习体验，以学生作为学习和发展的主体，充分发挥学生的自主性、主动性和创造性，鼓励学生对阅读内容做出有个性的反应，如对文本中自己特别喜爱的部分做出反应，确认自己认为特别重要的问题，做出富有想象力的反应，甚至是突发奇想，将自己的阅读感受与作者的意图进行比较，为文本的内容和表达另做设计等，尤其在文学作品阅读教学中，不要刻意追求标准答案。在阅读中，学生并不是消极地接受和索取主义，而是积极主动地发现、建构主义，甚至是创造主义。从这层意思来说，语文课本首先不是教本，而是读本。

教师要逐步培养学生探究性阅读和创造性阅读的能力，提倡多角度的、有创意的阅读，利用阅读期待、阅读反思和批判等环节，拓展思维空间，提高阅读质量。阅读期待，是指一种接受者在体验文学作品之前，就已经存在的心理期待结构，是由读者已有的阅读经验构成的主观知识经验系统。期待视野下的阅读，不是阅读者机械地接纳文本，而是读者对文本意义的空白，运用自己的联想、想象和创造，去丰富补充。因此，作品的意义并非文本产生于作家手下就凝固了的，而是由读者逐步发掘出来的。在小学语文阅读教学中，教师要关注学生的阅读期待：首先，要关注学生的生活经历和体验；其次，要关注学生的阅读审美经验；最后，还要关注学生的个性特征和认知水平。总之，在小学语文阅读教学中，教师要激活学生与文本相关的生活经验。根据学生的阅读经验和审美经验，呈现阅读内容，安排教学过程。

（五）注意随文讲解语文基础知识

语文知识教学是语文课程性质的体现，是语文教学不可缺少的内容。教学实践证明，在学生学习语文的实践中，给予必要的语文知识，尤其是将那些关键的知识作为理论指导，能使学生掌握规律、获得要领、融会贯通、举一反三，为语文能力的可持续发展打下基础。在小学语文阅读教学中，引导学生随文学习必要的语文基础知识，既能帮助学生理解课文，又能提高语文知识传授的有效性。但语文知识教学服务于语文能力和语文素养的培养和提高，处于从属地位。

语文知识是一个集合概念，它的范围很广泛，内容很丰富，包括文艺理论知识、文学史知识、语法学知识、修辞学知识、文章学知识、语言学知识、写作学知识、文化史知识等。语文知识教学的内容与语文知识的内容既有联系又有区别，语文知识教学的内容专指学生在校学习语文的过程中，必须把握的、基础性的语文知识。概括来说，基础阶段的语文知识教学的基本内容主要包括汉字知识、汉语拼音、语法修辞知识、文体知识、文学常识、实用文章的基本表达方式、听说读写的基本知识、常用语文工具书的使用等。这是语文学科中最基本的部分，也是一个现代公民必须具备的最基本的语文知识。

语文知识的教学主要结合听、说、读、写的实践进行，做到精要、好懂、有用。精要、好懂、有用，是语文知识教学一贯以来的要求。精要，是对教学内容方面的要求，指在确定每类语文知识时，要精选既能体现该类知识内在规律，又能切合学生实际需要的基本知识，并通过精选的课文将其表现在其中；好懂，是教学方法方面的要求，指语言表述要通俗易懂、深入浅出，还要努力联系实际，做到直观有趣；有用，是教学目标方面的要求，不仅能用语文知识去解释语文现象，更重要的是能直接用于语文实践，有助于提高学生的语文素养。

过去的语文教学，在教学内容的安排和教学方法上，确有偏重知识传授而忽视能力培养的偏差，尤其是烦琐的知识学习和训练，使得语文教学怨声载道。但当今如果强调提高能力，强调素质教育，就忽视知识的传授，甚至不敢提语文知识的系统性，就有可能导致另一种偏差。因此，有人认为当务之急是认真思考如何构架语文知识体系，如何使知识向能力转化。当前的语文课程知识基础比较陈旧、相对贫乏、存在空缺。从现代心理学的广义知识角度来审视语文课程的知识基础，我们不难发现，语文教学并不缺乏陈述性的知识，而是缺乏程序性和策略性的知识。这种状态，不利于学生语文智力和能力的形成，也不利于培养学生的语文动机、态度和价值观。在语文课程的建设中，教师应开阔语言研究的新视野，以促进陈述性知识向程序性知识的转化，应开阔方法论和策略方面的知识，让学生真正学会学习。

二、不同文体的阅读教学策略

（一）记叙文教学

记叙文是以记人叙事为主要内容，以叙述和描写为主要手法，兼用抒情、议论等表达方式，通过对具体、真实的人和事的叙述来反映生活，表达思想感情的一种文体。根据记叙文的特点，记叙文教学应着眼于对记叙文知识的随文讲解和记叙能力的训练，提高学生阅读和写作记叙文的能力。教学过程中应渗透着对学生的思想道德教育、情感教育和审美教育。记叙文教学的要点，包括以下五个方面的内容。

1. 把握记叙文的要素

记叙文以写人和记事为主要内容，以记叙和描写为主要表达方式，它的构成因素是时间、地点、事件（起因、经过、结果）和人物。在教学时，首先应该指导学生把握记叙文的基本要素，通过把握这些基本要素来从总体把握事件的全貌。在记叙文的构成要素中，人和事是最基本的因素。就其关系来讲，时间和地点是人物和事件存在的形式，原因和结果是人物和事件发展的必然。因此，要理解记叙文的思想内容，发现包含在事件当中和人物身上的思想感情，就应当指导学生着重理解人和事件，理解作者对这些人和事的态度和情感。

在记叙文中，人物和事件往往是很难分开的。人物，都是在某个事件当中的人物；事件，必然和某个或某些具体的人物联系在一起，是人物经历的事件。事件是人物活动的轨迹，通过具体事件来反映人物的性格和精神，是记叙文写作的基本方法，而从分析事件中认识人物，则是记叙文教学中研究人物形象的基本途径。比较复杂的事件往往涉及许多人和事，要注意指导学生抓住有代表性的人和事进行认识。

研究记叙文的事件，不能对文章所写的事件及其各个阶段不加区别地对待，而是要抓住重点，特别是对具有典型意义的片段，进行深入细致的分析思考。透过现象看本质，揭示出其深层的含义，以便概括出文章的主题对人物的认识，还应该研究记叙文表现人物的方法和对人物进行直接描写，这是记叙文写人的主要手段，而通过环境描写等方式侧面烘托人物的形象，也是记叙文表现人物的重要方法。从分析记叙文对人物的直接或间接描写中，认识记叙文的人物，是记叙文教学中研究人物形象的又一主要途径。

2. 弄清记叙文中材料的选择

在记叙文中，作者根据文章表达中心的需要，需要对占有的材料进行严格的筛选，对记叙的内容做出精心的安排，使其详略得当、点面结合、主次分明。在教学中，教师要分析材料和主题的关系，帮助学生领会作者围绕中心选择和组织材料的匠心，使学生懂得如何选择感情的聚焦点来反映生活，表达感情。

3. 分析记叙文的结构

对记叙文结构的分析，主要体现在研究全文各个段落之间的联系及其对表达主题的作用上。探究记叙文的结构，要从把握记叙的线索，理解文章的开头、过渡和照应的作用两个方面入手。如果抓住了统领全文的线索，文章材料之间的关系就明朗了，文章的层次也就清楚了；只有理解了文章的开头、结尾、过渡和照应，才能够把握文章的内部联系，更好地理解文章的内容。有些文章的段落或内容之间的照应关系，是用较为含蓄的句子或词语来表达的，对于这样的句子或词语，在教学时，教师应引导学生用心揣摩、细心体味，这样才能加深对文章的理解和感受。

4. 分析记叙文的表达方式

记叙文的主要表达方式是叙述和描写，为了表达的需要，议论和抒情也是经常用到的表达方式。记叙文中的叙述和描写，往往是相辅相成的。记叙用以交代生活事件，描写用以形象生动地再现生活画面。记叙文中的议论和抒情，一般在记叙文中所占篇幅不大，却是记叙描写的重要辅助手段：一是能够突出事件的本质意义和人物性格的典型意义，渲染和深化文章主题，增强文章的艺术感染力；二是能够将发生在不同时间、不同空间、不同人物身上的事件联系起来，反映共同的主题。在教学时，教师要引导学生结合具体语境，明确综合运用多种表达方式的具体表达作用，引导学生体会在叙述描写中渗透的作者的感情，使学生在情景交融的内容学习中受到熏陶感染，提升人生境界。

5. 学习记叙文的语言

记叙文多从现实生活中选取材料。因而，记叙文的语言以朴素无华为主要特征，同时又具有丰富多彩的特点。在语言上，记叙文讲究准确、鲜明、生动和形象。在教学时，教师应引导学生品味作者在遣词造句上的特色，揣摩语言的丰富内涵，对丰富学生的语言积累、培养语感、深刻理解文章的思想内容，都有重要作用。学习记叙文的语言，教师一定要抓住关键字和词句，引导学生深入领悟，因为这些语句对于理解事件的本质和人物形象往往能起到比较关键的作用。

（二）说明文教学

说明文是以解说事物、阐明事理为基本内容，以说明为主要表达方式的一种文体，它以向人们介绍知识为目的。与其他文体相比，知识性和客观性是其最显著的特点，作者的主观成分和感情因素的渗透相对较少。说明文教学能使学生了解说明文的内容表述和结构等，培养学生热爱科学、勇于探索的精神。说明文教学的要点，包括以下四个方面的内容。

1. 明确说明对象的特征

说明文说明事物或阐明事理，最重要的是抓住说明对象的特征，并用恰当的方式和方法将它表述出来。只有准确、清楚地显示出对象的本质特征，才能使读者了解对象，留下深刻的印象。引导学生明确说明文说明对象的特征，也就成了说明文教学中必不可少的环节。在此基础上，一方面，教师要指导学生通过明确事物的特征来把握说明文的主要内容；另一方面，教师要让学生懂得自己在观察事物或表现事物时，应该善于抓住事物的特征。

2. 弄清说明的顺序

说明文要将事物或事理说明清楚，首先得考虑如何安排合理的说明顺序。说明的顺序，是根据事物的内部规律及人们认识事物的过程来安排的。教学指导学生了解说明顺序，有助于学生厘清文章脉络和对被说明对象的理解把握，对学生的思维训练也是很有益的。

说明的顺序主要有三种：一是时间顺序，记叙性的说明文，往往采用这种说明顺序；二是空间顺序，介绍建筑物等各种具体物品的说明文，大多依照这种顺序；三是逻辑顺序，阐释性的说明文，基本上都采用这种说明顺序。需要指出的是，由于说明对象的复杂性，一篇说明文仅用一种说明顺序，往往难以将说明对象的特征表达清楚，所以大多数说明文都用了不止一种说明顺序。这样，在教学时，教师既要指导学生弄清课文的总体说明顺序，又要抓住比较突出的局部说明顺序，使学生真正把握文章的结构，正确认识说明的事物。

3. 分析说明的方法

说明文为了揭示对象的特征，或者把事理阐述清楚，达到说明的目的，要采取具体的说明方法。对说明方法的学习，是说明文教学的重要内容。

说明文说明事物的方法有很多，常见的说明方法有举例子、分类别、列数字、做比较、下定义、打比方、列图表、做诠释等。在说明同一事物时，作者往往会使用多种说明方法。在教学中，一方面，教师应引导学生充分认识作者使用的说明方法的合理性，把握事物的特征，学会准确说明事物；另一方面，教师要区分主次，抓住最突出、最能体现课文特点的要点，做具体深入的分析，使学生真正掌握，而不能面面俱到地平均对待。需要特别注意的是，方法是为内容服务的。在引导学生分析、理解说明方法时，教师一定要注意将方法与内容联系起来分析，即在紧扣被说明事物的特征，厘清课文层次内容的基础上，分析说明的方法。这样有助于学生理解和记忆，学生也容易模仿。离开课文的层次内容，空讲说明方法，听起来枯燥无味，也不利于说明文的读写训练。

4. 体会说明文的语言特色

说明文的写作目的是让人了解事物、明白事理、增长知识。因此，说明文的语言只有准确，才能保证其严谨的科学性。说明文介绍说明的对象，常常有很强的专业性。要使一般的读者接受，使用的语言就必须通俗易懂。准确、通俗，是说明文语言最基本的特点。在说明文教学中，教师要启发学生体会文章的语言特点，学会准确使用词语。同时，教师还应使学生明白，说明文在准确、通俗的前提下，为了增加文章的可读性和趣味性，说明的语言可呈多样性，不必拘于一格。

（三）议论文教学

议论文是以论辩说理为基本内容，以议论为主要表达方式的一种实用文体。它通过论证材料，借助一定的论证方法，展开论证，并运用概念、判断和推理的逻辑形式，来表达作者的思想观点和主张。论点、论据和论证，是议论文的三要素。议论文的教学目的和内容在于着重关注议论文思想的深刻性、观点的科学性、逻辑的严密性和语言的准确性。教师应引导学生区别观点与材料，把握观点与材料之间的联系，学习并运用有关的议论文文体的读写知识和方法，培养和发展学生议论说理的能力和逻辑思维能力。议论文教学的要点包括以下四个方面的内容。

1.抓住中心论点

论点是作者对所论述的问题所持的见解和主张。文章的各部分，都围绕着文章的中心论点组织论据，进行论证。因此，论点是议论文的灵魂。抓住中心论点，是理解一篇文章的关键。议论文教学，首先要引导学生找出文章的中心论点。有的文章题目本身就是中心论点，有的文章一开头就点明论点，有的文章末尾归纳出论点，有的文章把论点隐含在全文的论述之中。教师了解了议论文提出论点的这些规律，在教学中就可以指导学生去分析、寻找或归纳，在明确文章观点主张的基础上，引导学生通过自己的思考，深入领会文章思想的深刻性和观点的科学性，并鼓励学生联系生活实际做出判断。有的议论文围绕中心论点提出几个分论点，用分论点来补充、扩展或证明中心论点。在教学时，教师应引导学生找出文章中的论点，再研究它们之间的逻辑关系，分清主从，把握中心论点。

2.明确论据

论据是用来证明论点的理由和根据。论据充分、可靠，它所支撑的论点才令人信服。因此，要准确把握论点，就必须分析研究论据。分析研究论据的主要工作：明确论据自身的意义；分清论据的种类，摆事实，讲道理，论据分为事实论据和理论论据两种类型；理解论据与论点之间的关系，即证明与被证明的关系。

3. 分析论证的过程和方法

议论文的论证过程，就是以论据证明论点的过程。简单地说，就是摆事实、讲道理。议论文只有经过论证，才能使论点和论据之间建立逻辑联系，才能使文章言之成理，也才能使读者接受作者所阐述的观点和主张。议论文教学，应教会学生辨析论点和论据的关系，从而认识文章论证的逻辑过程，加深对文章的理解，同时这也是学生思维训练的途径和方式。从实际教学来看，认识议论文的论证过程，常常是教学的难点，因为论证是材料和观点的相统一的过程，是运用论据证明论点的逻辑推理过程，也是作者写作技巧的运用所在。它不像论点、论据那么具体，它比较抽象、复杂。要解决这个教学难点，就要求教师深入钻研教材，采取多种方式进行诱导和启发，以帮助学生很好地理解和掌握。

议论文的论证方法就是用论据证明论点的方法。论证方法多种多样，常见的有举例论证、比喻论证、对比论证、类比论证、引申论证、因果论证等。在议论文中，论证方法不像论点和论据那样表现在字面上，而隐含在论证过程中，相对来说比较抽象。在教学时，教师要结合课文的具体内容来明确论证法，使学生易懂好记，掌握一些常用的论证方法，不能对学生进行抽象的概念灌输。还应注意的是，一篇议论文，为了充分透彻地论证观点，往往会使用多种论证方法。在教学时，教师应根据课文特点和学生实际，指导学生重点掌握一两种主要的论证方法，切忌面面俱到。

4. 学习论证的结构和语言

在把握议论文三要素的同时，还要注意文章是如何将这些要素组合起来的，是用怎样的语言表达观点展开论证的。议论文最基本的结构是由三部分组成，即引论、本论和结论。这三部分从形式上表现为开头、正文和结尾；从论述的角度看，就是提出问题、分析问题和解决问题。议论文的结构类型可以分为两大类，即纵式和横式。纵式，即逐层深入的论述结构；横式，即并列展开的论述结构。这两类结构派生出一些结构形式，如横式的有"总—分—总"式、"总—分"式和"分—总"式，纵式的有"层层深入"式。分析议论文的结构，首先要弄明白各段落层次间的内在联系。各层次的联系是多种多样的，如并列式、递进式和对比式等。教师还要注意文章中起过渡作用的段落和词语，可以借此分析文章的结构关系。需要明确的是，在教学中指导学生学习议论文结构的重点应该是分析本论的层次结构。

和其他文体相比，由于议论文不需要对事物进行直观的说明和形象的描绘，所以议论文的语言具有简明、准确、概括性强、逻辑性强等特点。尤其是议论文经常使用关联词语，运用各种复句来进行严密的逻辑推理，以此表达作者准确的概念、明朗的态度和鲜明的观点，达到以理服人的效果。议论文的语言特点需要在教学中联系课文实际，有重点地分析，帮助学生认真体会和揣摩，以提高学生对议论文语言的感受能力和运用能力。

由于论述和说理的需要，议论文有时还要用说明、记叙、描写和抒情的表达方式。对比，议论文教学除了引导学生学习论证说理，还应该引导学生注意其他表达方式的运用。一方面，教师要使学生了解它们和其他文体使用时的区别；另一方面，要体会它们在议论文中的表达作用及其对议论文论辩特色的影响。

（四）应用文教学

应用文是在人们的学习、工作和日常生活中，用来解决实际问题的、有固定惯用格式的一类文体。应用文的显著特点是文字简明，款式固定。对于阅读者来说，应用文一看就懂。从小学的培养目标来看，应用文教学的重点在于使学生了解常见的写作格式和要求，训练学生应用文的写作能力。应用文教学的要点包括以下三个方面的内容。

1.掌握常用应用文的格式

应用文的格式，在人们的长期使用中固定了下来，一般不可随意改变。如果不按照已形成的惯用格式去写，就会影响其实用功能的发挥，甚至令读者产生误解。应用文种类繁多，对于常用应用文的教学，教师应主要借助文本示例来了解其功用和基本格式，以学生的语文实践为主，使学生熟练地掌握几种应用文的基本格式，从而使学生在读写应用文时，能够准确地抓住内容，进而实现应用文的价值。

2. 掌握应用文的语言要求

平实、简明、得体，是对应用文写作语言的要求。应用文是用来联系工作、反映情况、解决问题的，人们阅读应用文时一般不包含欣赏的因素，只要求作者能准确、通顺地把要说的意思写清楚。因此，应用文的文字以简洁明了、让对方看懂为原则。应用文一般都有特定的发出者和接受者，这两者之间往往形成特定的关系，这就要求语言的运用要和它所要达到的目的、所应用的场合相适应，还要适合读者的接受心理，这些决定了应用文的语言要得体。在应用文教学中，例文的学习和写作训练，使学生掌握应用文的语言要求，尤其应将如何得体表达作为教学的重点。

3. 学会从应用文中收集和整理信息

真实性是应用文写作的原则。有些应用文的产生是以掌握真实材料为前提的，如计划、总结、调查报告、新闻报道、合同、诉状等。在教学时，教师可以引导学生从不同的角度，结合自己的需要，提炼不同的信息。教师可以借助例文，教给学生收集信息的方法，教给学生对材料进行分析、归纳和分类，使其条理化的方法，这对学生是终身受用的。

（五）诗歌教学

诗歌是用凝练、形象、富有节奏感和音乐美的语言，创造意境，高度集中地反映生活，抒发作者强烈思想感情的一种文学样式。通过诗歌教学，教师要使学生了解诗歌的一般特点，学习诗歌的基础知识，学习阅读、鉴赏诗歌的基本方法，提高阅读和欣赏诗歌的能力，提高文学修养。同时，教师还要发展学生的联想和想象等形象思维能力，陶冶学生的情操，培养学生健康而高尚的审美情趣。诗歌教学的要点包括以下四个方面的内容。

1. 领会意境，体会感情

一般认为，意境就是诗人要表达的思想感情与诗中描绘的生活图景有机融合而形成的一种耐人寻味的艺术境界。教师要分析诗歌的意境，就要引导学生通过诗人描绘的生活图景，发挥学生的联想和想象，丰富和补充诗歌的画面，让学生感受诗人的感情，从而把握诗歌的感情和艺术特色，认识诗歌的审美价值。

领会诗歌的意境有以下三步。

（1）理解揣摩语言，进入意境。

由于诗歌的语言高度凝练，语言有间断跳跃、变换词序、减少成分、压缩省略等特点，给读者阅读理解带来困难，因此需要细致地揣摩诗歌的语言，准确理解词句的含义及其相互间的关系，了解有关的历史事实或典故。由此把省略和减少的内容丰富起来，把跳跃的感情连缀起来，进入诗歌意境，是领会意境的基础和前提。

（2）启发联想和想象，再现意境。

诗歌中诗人的思想、感情及其所描绘和塑造的形象，往往高度统一。在揣摩语言的基础上，教师应启发学生展开联想和想象的翅膀，唤起学生的形象思维，使诗歌中的画面在学生心中呈现一幅幅情景交融的画面，感受其中的"言外之意""画外之象"，从而理解诗中广阔丰富的生活内容所包含的深刻思想意义，并从中受到感染和熏陶。领会诗歌的意境，既是诗歌教学的重点，也是诗歌教学的难点。

（3）寻觅意象。

意象就是诗歌中饱含诗人感情，带有诗人主观色彩的物象。中国的诗歌，自古以来就非常注重意象在诗中的应用。引领学生寻觅诗歌意象、体会诗歌意境，是诗歌教学的又一关键。从某种意义上讲，抓住一首诗的意象，就等于获得了解读懂该诗的一把"金钥匙"。在品读诗歌的语言时，教师要使学生能够理解诗歌意象的含义。

2.品味语言，分析形象

诗歌以精练、含蓄、富有节奏感和音乐美的语言，表现鲜明的形象和深远的意境。诗歌教学要想品味语言、启发想象、展开画面、分析形象、揣摩意境，就要做到以下两点。

（1）反复诵读，加深领悟。

在诗歌教学中，自始至终要突出朗读教学。在朗读中，让学生感受欣赏诗歌的鲜明节奏和音乐韵律。在朗读中，把握形象，进入意境。

（2）抓住"诗眼"和关键词语，推敲品味。

好的诗往往"因一字而尽传精神""着一字而境界全出"。诗歌教学要在这"一字"上进行点拨，启发学生认真思考和体味用词的精妙，并展开诗歌的意境，使学生进入诗歌表达的感情艺术境界，和诗人的感情产生共鸣，使诗中的意象具体化、形象化。需注意的是，教师在引导学生抓关键、抓诗眼的过程中，不能将对诗歌的字、词、句的理解与诗歌整体割裂开来进行，应引导学生从诗歌整体出发，在具体的语境中理解字、词、句。

3.分析艺术构思和表现手法

诗歌的构思讲究精、巧、新，往往采用借景抒怀、托物言志等多种表现手法，通过典型景物和具体鲜明的形象，抒发感情，表现主题。在教学中，教师要引导学生分析诗人是如何描写人、事、物、景的，诗人寄予了怎样的感情，从而领会诗人要表达的主题。诗歌创作运用了形象思维，为了达到形象鲜明、新颖、独特的表达效果，诗歌常用比兴、夸张、拟人、对偶、反复、对比等修辞手法和烘托、象征等表现手法，来增强其艺术感染力。在教学中，教师应该根据诗歌的具体写作特色，引导学生注意它们的表达作用，以此能更深入地理解诗歌的内涵。

4.引导联读和仿写

联读指从教学的深度和广度出发，找到具有相同主题、相同题材的诗作，进行比较阅读，通过比较阅读，学生能更好地理解诗歌的思想情感。联读是朗诵诗歌的重要方法，其目的主要在于扩展、拓宽学生的学习视野，在于给课文的阅读教学增加容量。仿写，是培养学生语文实践能力的一个重要手段。仿写既能使学生充分感悟诗歌的语言奥妙，同时也能提高学生的遣词造句能力，提升学生的理解、联想、想象和思维能力。仿写可以仿写诗句，也可以仿写段落，可以将诗歌创作与诗歌朗诵结合起来。

（六）文言文教学

由于文言文教学的特殊性，所以教学中除了运用语文教学中常用的一些方法，还要充分运用诵读法、比较法、归类法和串讲法等。

1. 诵读法

诵读法，即熟读和背诵的方法，它是文言文教学中最常用的方法。诵读法可以让学生对文质兼美的古代诗文熟读成诵，在读的过程中，去感知、理解和品味。这样不仅可以在头脑里储存一些文言信息，丰富学生对古汉语的感性认识，增加词汇和句式的积累，使其内化成自己的语言，形成良好的语感，而且在取得丰富的感性认知的基础上，可以促使学生理解词句的含义，掌握文言文遣词造句的规律，从而有效提高文言文的阅读能力。事实表明，文言文教学仅靠教师讲解是不能让学生完全领会古文的神韵、精髓和风格的，学生必须通过自己反复诵读，才能心领神会，并应用自如。诵读，一定要读出文章或作品中固有的语气、语调和节奏，表达出文章或作品的情绪、气氛和感情。学生要把诵读的过程变成对文章或作品深入理解的过程，要把读与其他基础训练紧密结合起来。

2. 比较法

在课堂教学中，为了使学生更好地掌握一些文言实词和虚词，掌握一些文言常用的特殊句式，了解古代历史和文化知识，消除文言文阅读的语言障碍和时代障碍，教师要常引导学生采用联系比较的方法。比较的方法主要有两种。一是古今比较，学习古汉语的字、词、句，引导学生进行古今对照，找出古今语言的联系与区别，从而认识古汉语的特殊规律，这样利于理解，且印象深刻，有助于记忆。比较的内容和方法是多种多样的。二是前后联系，把前面学过的知识与后面学的知识联系起来。一方面使学生能够巩固记忆；另一方面使学生能够温故知新、举一反三、扩大积累，加强阅读理解文言作品的能力。随时进行比较，不仅能促使学生理解新知识，而且能扩充旧知识。

3. 归类法

在文言文教学过程中，教师应及时引导学生做好各种文言知识的归纳整理工作，促使学生的文言知识条理化和系统化，并由此产生领悟和联想、内化和迁移，触类旁通，提高学生的自学、自读能力。文言文教学的内容常从以下五个方面归纳。

（1）虚词用法归纳。在文言文中，虚词虽然数量少，但使用频率高，用法灵活，往往一个字有好几种用法、好几种解释，甚至分属好几类词。因此，文言文教学要认真抓好虚词教学，教师应当计划好一篇课文、一个学期重点学习哪些虚词，对重点学习的虚词注重引导归纳总结。这样可以使学生既学得扎实，又学得轻松。

（2）近义实词对照。注意收集一些近义文言实词，区别其细微的差别，有利于对词语的掌握和对文章的理解。

（3）一词多义的归纳。经常有意识地进行一词多义的归纳，有助于顺利扫除文言词汇教学中的障碍。

（4）不同句型的归纳。把文言文中常见的判断句、省略句、倒装句和被动句等不同句式列举出来，便于比较、理解和掌握。

（5）通假字、古今字汇编。可以以单元、学期为单位，逐步积累，把课文中出现的通假字和古今字汇编起来，列成一览表，使学生加深记忆，并从中受到启发，举一反三。

在小学语文教学中，比较法和归纳法，常常是同时使用的。

4. 串讲法

串讲法是我国语文教学的传统方法，一般分为三步进行，即"读—讲—串"。读，要求学生结合注释，粗读课文，在此基础上，朗读全文或要串讲的语段；讲，对串讲的语段，尤其是对学生不理解或不甚理解的含义和用法的字、词，逐个进行讲解；串，把整个语段的意思贯通起来，翻译整个语段，指出与上下文的关系及在篇中的作用。这种教法的优点在于疏通字句，字、词、句的落实能帮助学生理解文意。但其缺点在于把学生置于被动地位，不利于学生学习积极性和主动性的发挥。为保持优势，克服不足，可将传统的串讲同讨论、提问等方法结合起来，充分调动学生的学习积极性和主动性。

（七）童话和寓言教学

小学语文教材里选入了不少童话和寓言。学生通过阅读浅近的童话、寓言、故事，会向往美好的情境，关心自然和生命，对感兴趣的人物和事件有自己的感受和想法，并乐于与人交流。

1. 童话

童话是一种小说体裁的通俗文学作品，主要面向儿童，是具有浓厚幻想色彩的虚构故事作品。童话通过丰富的想象、幻想、夸张和象征的手段来塑造形象，反映生活。其语言通俗生动，故事情节往往离奇曲折，引人入胜。童话往往也采用拟人的方法，无论鸟兽鱼虫，还是花草树木，甚至整个大自然，以及家具、玩具，都可赋予生命，注入思想情感，使它们人格化。

童话教学，必须体现童话的教育性、趣味性、幻想性和科学性。一是显示形象，感受童话的美和趣。在教学中，教师可以采用图画、剪贴画、音乐、朗读和表演等直观的手段再现童话形象，还可以用富有情感色彩的形象化的语言描绘童话形象，启发学生想象童话的角色、想象童话角色的语言，充分感受童话角色的可爱。二是通过语言训练，感悟童话形象。童话教学要引导学生辨别童话角色的是非，理解童话蕴含的理念。要做到这一点，不是靠注入和说教，而是要抓住童话形象，通过评判童话角色进行。在教学中，教师可以让学生进入角色，通过读童话、演童话的方式，来强化教学效果。三是培养学生的判断能力和创造能力。例如，引导学生创造、改动原文复述童话，能有效地提高学生的语言能力、创造能力和初步的分析判断能力。

2. 寓言

寓言是以假托的故事或拟人的手法说明某个道理或进行劝谕、讽刺的文学作品，常带有劝诫和教育的性质。其语言的特点是篇幅大多简短，语言简洁锋利；主人公可为人，也可为拟人化的生物或非生物；主题多借此喻彼、借远喻近、借古喻今，深奥的道理从简单的故事中体现出来，具有鲜明的哲理性和讽刺性；常运用夸张和拟人等表现手法。

针对寓言的特点，理解寓意是寓言教学的首要任务。一是可以采用直观的手段与教师语言描绘相结合的方法，创设情境。首先，让学生在情境中，感受寓言角色的形象，体验角色的荒诞可笑；其次，引导学生依据具体深切的感受进行分析推理；最后，让学生理解寓言的抽象概括的寓意。二是紧扣展示寓体形象的关键词语，领悟寓意。在凭借寓体形象进入推理的过程中，教师应紧扣寓言中的传神之笔，引导学生推敲词语，体会语感，从而领悟寓意。

第三节　小学语文写作教学

一、写作与写作教学的性质

从根本上说，写作是一种个体化的活动。生命个体面对宇宙、人生和短暂生命，会主动去体验、思考和感悟，写作正是这种心灵历险的写照。作为生命个体，每个人都想弄清楚生命究竟是什么，对宇宙、社会和人生都会充满向往和憧憬，以及好奇、迷茫、激情和恐惧等。写作过程是一个活生生的个体在写自己对生命的感悟和对人生、社会的思考，真切地表达内心所想。在这个过程中，个体也希望别人来分享其所思所想，从而听取别人意见，以这种方式进行生命与情感的交流。所以，写作的第一生命力，就是写真情实感，否则就失去了写作本源上的意义。

要进一步明确写作的性质，还可以从个体写作的心理过程去进一步思考。从这个角度说，写作实质上是一个双重转化的过程。第一重转化是从"物"到"意"的转化。"物"就是社会现实生活，"意"就是作者的写作意识，这种转化就是从作者生活到作者写作意识的转化。小学生写作也是同样的，他们也在观察体验生活中不断思考，在自觉或不自觉中进行积累，这从写作层面上说是素材的积累。当这些积累以意识的形式积淀下来时，就完成了这一重转化。当然，在写作过程中，这些素材并不是直接搬进文中的，而是要经过思考和加工提炼的过程。第二重转化是从"意"到"文"的转化，经过第一重转化，作者已经有了大量的以社会现实生活为原型的心理积淀。当作者有了写作意图之后，心理积淀在这个阶段转化为写作材料，作者进一步筛选处理这些写作材料，进行谋篇布局，然后将写作意图转化为书面文字，使之成文，这是将作者的观念情感外化的过程。

写作过程，从信息论的角度看，实际上是一个信息转化的过程。素材的积累，是一个信息输入的过程，输入的信息在大脑中不断地存贮，然后经过大脑的加工处理，进行编码，最后以文字的形式输出。这整个过程完全符合信息论中信息的转化过程，即从信息输入、存贮、加工和编码到输出的一个完整过程。所以不论从本源上，还是从写作心理上，或是从写作过程的信息输出上，写作都是作者真情实感的写照。

从教师"教"的角度来说，小学的写作教学是培养学生写作兴趣，养成良好写作习惯，使学生形成写作素养的过程。从学生"学"的角度来说，写作是学习运用语言文字表情达意，反映社会、体验生活的活动过程。写作教学是教学生综合性地集知识与能力、学识与人格、阅历与智慧于一体的教育教学活动。具体来说，教师可以从以下三个方面去认识写作教学。

（一）应用性

语文是最重要的交际工具，即学习如何使用语言进行交际。写作教学的目的也是培养学生书面语言交际能力，培养学生掌握学习和生活中所需要的一般应用文的写作能力及表情达意的能力。特别要注意的是，小学生作文不同于文学创作，小学生作文是以实用性和应用性的特征为基础的。这一认识在我国写作教学中是有分歧的。许多教师认为，小学写作教学的首要目标是培养文学创作素养，是文学创作的培养初期，所以在进行写作训练时，他们忽视了应用性文体的写作训练，这实际上是没有关注到小学写作教学的应用性特点。

（二）综合性

写作能力是一项综合能力，写作教学也必然带有综合性的特点。对学生的作文训练涉及多种因素的综合训练，如素材的积累、语言的运用、谋局布篇、写作思维等方面的训练都体现了写作教学的综合性。忽视其中任何一个重要的因素，写作教学都会受到影响。

（三）实践性

技能的形成与提高必须要经过反复的实践。写作教学不仅要引导学生掌握写作的理论知识，积累大量的写作素材，更要帮助学生在大量的写作实践中将知识转化为技能，形成写作能力。长期以来，我国的写作教学有一种片面的看法，认为阅读决定写作，读得多，就能写得好。仅从素材的积累这个层面上说，这是有一定道理的，但是从写作教学的整体来说，这个看法就有其片面性。写作教学一定要有其实践性的一面，只有通过反复的写作训练实践，才能形成写作能力。在学生的写作活动中，教师要给予学生系统、科学的指导，使学生的写作能力在诸多练习中形成并发展。

二、小学语文写作教学的理念

小学语文写作教学要在继承传统的写作教学经验的基础上，广泛吸收当代的写作教学思想，遵循小学语文写作教学的基本理念。

（一）引导学生体验生活，广泛阅读

生活的体验，是写作源源不断的动力和源泉。学生的生活越丰富，体验越深刻，写作的基础也就越扎实。教师要不断地丰富学生的生活，以此强化学生的直接情感体验；要引导学生将目光投向身边的人和事，通过细致的观察，深入的思考，来积累写作最丰富、最原始、最有生命力的第一手素材；此外，要拓宽学生的阅读视野，直接的生活阅历毕竟是有限的，要让学生在阅读中，汲取养料，丰富写作素材；鼓励学生开展课外阅读，有意识地引导学生扩大阅读面，指导学生开展课外阅读的方法，经常性地组织开展各种阅读交流活动，深化学生对阅读的理解，使学生在阅读中感悟生活、体验人生。

（二）培养学生的写作兴趣和习惯

同其他兴趣一样，写作兴趣不是天生的，而是在后天的写作实践中不断形成和发展起来的。它是在对写作"需要"的基础上产生的。这种需要可以是学生对生活、社会理解的直接写作需要，也可以是社会的间接写作需要转化为学生的写作兴趣。

语文教师培养学生的写作兴趣，可以从以下三个方面着手。第一，丰富学生的写作知识，充实学生的写作内容。获得有关写作的知识经验是学生对写作产生兴趣的基本条件，但是这些知识经验，不是空洞的内容，教师要让学生觉得写作是丰富多彩的活动，使学生体验到写作带来的愉悦。第二，加强师生交流，促进情感融合。兴趣是带有情感的个性意识倾向性。激发写作兴趣还得借助情感的作用，教师要善于营造融洽的师生关系，用充满情感的语言打动学生，增强学生对写作的情感体验。第三，运用多种有效的写作教学方法和教学手段。语文教师要善于改进写作教学的方法和手段，培养学生的写作兴趣，根据学生的年龄特点，有针对性地运用不同的写作教学方法，使学生在写作的过程中，体验到自己的成长、写作能力的不断提升。

良好的写作习惯对学生的发展影响深远。英国教育家约翰·洛克（John Locke）说："一切教育都归纳为养成儿童良好的习惯"。习惯是经过练习养成的某种自动化的行为活动，是一种心理意识上的倾向性和惯性，是自我能动性的自觉体现。写作习惯是中小学生写作素养的重要组成部分。

学生良好的写作习惯，是在长期写作过程中逐渐形成的。小学语文写作教学要注重培养学生的观察、积累、审题、构思、选材、立意、表达、书写和修改习惯等，小学语文写作教学过程的每一个环节，都是一个习惯养成的过程。写作习惯的培养，要明确目标，注意克服不良习惯，反复实践，加强督促检查。良好的写作习惯一旦养成，学生就不需要意志力和外在监督，而是形成一种心理惯性。小学生正处于写作的起步阶段，良好的写作习惯可以为学生打下扎实的写作基础。良好写作习惯的养成，需要持之以恒，需要从课堂到课外始终如一，可以说，良好的写作习惯对写作能力的形成，具有决定性的作用。

（三）培养学生的写作思维能力

思维能力是概括和间接地认识事物本质规律的能力，是写作能力的重要显现。叶圣陶曾主张学生作文要"先想清楚，然后再写"。他强调指出的就是写作时要先"想"，即要先思考，再动笔，非常注重思维的训练。小学生的思维能力发展特点是非常显著的，小学生只有抽象思维能力得到迅速发展，思维的品质才能不断提升。从小学到中学，学生思维的广阔性和深刻性、独立性和批判性、敏捷性和灵活性等思维品质快速发展，尤其是思维的独立性和批判性发展更为显著，学生逐渐学会独立思考。

小学语文写作教学要注重对学生思维的敏捷性、广阔性、灵活性、深刻性、创造性和批判性等特征的培养。首先，加强思维方法的训练。教师要培养学生良好的思维品质，使学生做到全面地而不是片面地、本质地而不是表面地看问题。其次，加强对学生语言的训练。学生的思维发展和语言是分不开的，学生掌握大量的词汇和言语运用规则，并能准确灵活地使用口头与书面语言表达思想感情，可以使思维活动清晰、系统和有条理性。再次，教师既要发展学生的求同思维，也要多发展学生的求异思维，限制学生心理定式的消极作用，培养学生多角度思维的习惯，等等。最后，教师要注重培养学生解决实际问题的思维能力。社会实践活动是思维发展的源泉。

三、小学语文写作教学的方法

（一）命题作文

命题作文一般是教师出题，学生写作。它是一种传统的写作训练方式，能体现写作训练的意图和目标，使学生有计划地严格训练。其弊端也很明显，学生不易写出真情实感，不易写出具体充实的内容。

因此，在进行命题作文训练时，教师要注意到学生的心理特征、生活实际和写作实际，注意题目的启发性和新颖性，不要因为命题而抑制了学生的写作思维。此外，命题作文训练要注意写作教学的序列性。序列性包含两个方面：一是要和阅读教学相结合，做到相互促进；二是要注意写作教学自身的教学序列做，到循序渐进，科学性与系统性相结合。

（二）给材料作文

给材料作文指由教师给学生提供一定形式和内容的材料，让学生根据这些材料按要求进行写作，这实际上是一种半命题性质的作文训练，也有人将它看成命题作文的一和变式，它有比命题作文训练更灵活的优点。给材料作文可以多角度立意，有利于培养学生的创新思维。这类作文训练按照提供材料的种类，可以分为两类，即图像材料作文和文字材料作文。

1. 图像材料作文

图像材料作文可以是指提供图画，要求学生根据图画的内容进行描述，或评述，或展开想象；也可以是影视评述，要求根据提供的电影，撰写观后感或评论文章。图像材料作文训练，有利于培养学生的观察、分析、联想、想象、表达等多种能力。图像材料作文要引导学生先从整体上观察图像，获得对图像的全面认识，再从局部观察，进入图像细节。结合图像内外的文字说明，揭示图像要表达的主旨。要在理解图像的基础上，将图像中的现象和现实生活联系起来，展开各种联想和想象。

2. 文字材料作文

文字材料作文指教师提供给学生一定的文字材料，同时提出一定的写作要求，让学生依据材料，按要求进行写作训练。与图像材料作文一样，这类写作训练可以训练学生的思维。相对于命题作文，文字材料作文更为开放。

（1）仿写。

仿写，就是模仿范文写作。它可以是内容上的模仿，如模仿文章的中心、立意等，也可以是形式上的模仿，如模仿文章的开头、结尾等。仿写有利于读写结合，教师要注意避免生搬硬套，防止机械模仿。教师要将进行的仿写训练与学生已有的经验进行匹配。由于学生的学习背景不同，每个学生对仿写原型的理解是不同的。写作能力强的学生，在仿写过程中总结概括的能力强，可以通过仿写，主动地总结出一套行之有效、符合个人特点的写作程序，并经巩固后进入长时记忆，形成写作素养。而写作能力较差、学习不主动的学生，总结概括的能力较差，只会被动地接受知识，不习惯钻研或发现仿写中的规律，他们从仿写中形成的写作能力就较为有限。语文教师要尽可能地在学生已有的写作经验中，进行新的仿写，使每一个学生都能较好地从仿写中训练写作能力。

此外，在仿写中，教师要注意对学生创造性思维的培养。如果学生只是对现成习作进行模仿，这对于写作能力较差的学生或许是较为有效的一种建立"原型"的方法。由于"模仿"强调给学生树立准则，学生容易按部就班，对于一些写作能力较强的学生，有些内容学生原本可以靠自己分析获得，教师如果过于主动地展示模仿对象，就会使学生认为只要模仿和接受就可以完成任务，这对于培养学生的想象空间和创造力是不利的。

（2）缩写。

缩写就是对提供的材料进行概括和压缩，它既要保留文章的主要观点和内容，又不能改变文章的结构和体裁，不能写成读后感。缩写后的文章必须能连贯、完整、准确地反映原文的内容，文章的语言可以自己组织，也可以摘录原文。缩写训练，有助于培养学生的阅读理解能力，也可以提高学生的分析概括能力。摘录、删除和概括是缩写的基本方法。

（3）扩写。

扩写和缩写相反，扩写是指对原材料进行扩展，可以对故事的情节进行扩充，也可以将一个论述提纲扩展为一篇具体完整的议论文。扩写一般不改变原材料的思想内容和结构，不改变原材料的人称、体裁及语言风格，不可以任意发挥、牵强附会。对于扩写，学生首先要读懂原文，抓住文章的中心重点，展开合理的想象，使扩写的内容自然、流畅，使原文比较简单的内容变得生动、形象。扩写训练有利于开阔学生的思路，培养学生的联想和想象能力，发挥学生的创造力。

（4）续写。

续写是指为提供的材料写续文，一般用于记叙文的写作训练。续写和扩写、缩写一样，学生首先要钻研原文，将原文读懂、读透，根据原文的基本内容和情节，依照其已有的行文线索和思路，对原文进行续写。续写要紧扣原文的中心，甚至使原文的主题进一步深化。语言风格要和原文保持一致，过渡衔接要自然，所补充的新的内容和情节，要能延伸原文的意义。续写可以激发学生的写作兴趣，培养学生的想象力和创造力。

（5）读后感。

读后感是在小学生作文训练中，较为常用的一种方式。学生阅读提供的材料，对材料进行深入分析，写出自己的读后感想。提供的材料可长可短，可以是一段话，也可以是一本书。形式上可以是多种多样的，记叙、议论或说明都可以。写读后感，关键是要读懂材料的深刻含义，选准"感"的角度。读后感重在感悟、感想，一般要"跳出"材料，联系社会和生活谈感想。读后感对于培养学生的阅读理解能力、逻辑思维能力和语言表达能力都是较好的训练方式。学兰在写读后感的时候要注意，感想和感悟都是材料主题和内容的自然延伸，不可以牵强附会、不合逻辑。

（三）自由作文

自由作文是由学生自行拟定题目，自主作文的一种训练方式。可以说，自由作文是最符合写作本源意义的训练方式。这种作文训练方式，学生所受限制较少，学生可以较为自主地进行写作，可以触景生情，写人、记事，也可针砭时弊等，避免了没有东西可写的矛盾，对于调动学生的写作积极性和写作兴趣、发挥学生的创作个性都能起到较好的效果。

自由作文由于要对自身生活中的写作素材进行选择，选择的过程也是对美好事物和对象的甄别过程，这有利于培养学生的审美情趣和审美能力，有利于深化学生对社会、生活的认识和理解。自由作文不容易形成写作训练体系，同命题作文相比，自由作文训练的目的性和计划性不够明显。自由作文主要形式有自由拟题作文、日记、笔记、稿件及小创作等。

总之，小学语文写作训练的每种方式各有特点。在小学语文写作训练过程中，教师要综合运用多种训练形式，整体把握，有效训练。此外，教师还要注意以下三个方面。第一，写作训练可以先进行单项技能训练，将片段训练与综合训练相结合。例如，练习写人，教师可以让学生单独练习描写肖像外貌、动作、成长过程、对话、细节、场面、心理活动等。教师不要总让学生写整篇文章，特别是低学段的学生，教师可以采用"先分后合"的方式，让学生的写作训练从局部到整体。第二，可以对写作全过程进行序列化的专项分解训练，观察事物、收集资料、构思立意、编写提纲、选材剪裁、谋篇布局，修改文章等均要一一训练。第三，课堂写作训练要重质量，不应简单地求数量，要对一篇文章反复修改几遍，直到学生达到其最佳水平才罢休。这比写几篇文章却又随随便便地评改的训练效果要好许多。针对同一材料，要求写几篇立意不同的文章，或者针对同一对象，要求写几篇不同体裁的文章，都是较好的训练方式。

第四节　小学语文口语交际教学

口语交际教学是学生在教师的组织和指导下，通过具体交际情境的创设与口语交际活动的开展，规范口语表达、提高口语交际能力和提升交际素养的教学活动。口语交际能力是学生语文能力的重要体现，是现代公民必备的能力。从语言发生的角度来说，口语先于书面语，使用口语进行交际是人类最重要的交往活动。口语交际教学既是语文教学的一项基本内容，也是时代赋予语文教学的要求。教师应当充分认识到口语交际教学的重要性和迫切性，以切实可行的策略和方法，组织学生进行丰富多样的口语交际实践，形成良好的口语交际能力。

一、小学语文口语交际教学的策略

教学策略的选择直接关系到每一种类型口语交际教学的效果，每一类甚至每次口语交际教学过程主要从以下五个方面来实施其有效策略。

（一）确立话题策略

口语交际是基于一定的话题，并以口头语言为载体而开展的、交际双方互动的信息交流活动。教师要进行口语交际教学，首先要选择恰当的话题。话题的确立应考虑到其价值、难易程度等因素，话题的内涵应是多元的，形式应是开放、贴近现实生活的。在进行口语交际教学时，教师可以灵活选用教材中设计的口语交际话题，引导学生围绕话题进行专项训练。例如，现行语文教材密切联系学生的生活世界和想象世界，选编了许多使每个学生都有话可说、有话要说的教学模块内容，如小学的"学会祝贺""爱吃的水果""认识标志"等说话模块，都为学生提供了"口语交际"课的话题参考。教师也可以从教材的阅读、写作内容中提取话题，进行延伸训练，拓展学生思维的广度和深度，巩固和提高阅读教学和写作教学的效果。同时，还可以跳出教材，直接从家庭、学校生活，以及从学生熟悉、感兴趣的社会热点中，选择话题，引导学生展开讨论，评析时事、针砭时弊。这样既有利于学生口语交际能力的提高，也有利于扩大学生的知识视野，全面提高语文素养。

（二）创设情境策略

口语交际是在特定的情境中产生的语言活动。在确立好话题之后，教师就需要精心创设特定的交际情境。口语交际教学活动，主要应在具体的交际情境中进行。

教师要大胆创新，因时、因地、因人制宜，创设生动有趣、符合学生心理年龄特征的情境，让学生形成一种亲历感、现场感和对象感，自然而然地产生强烈的交流欲望和真正的情感体验。这种具体的交际情境，可以是真实发生在课堂的问题式、讨论式等交际情境，也可以是模拟真实生活的交际情境。创设的情境要力争人人参与，让每个学生都能得到锻炼的机会。

此外，创设情境的方式是多种多样的。第一，可以用生动的语言描绘情境。教师用富有感染力的语言，为学生创设生动的情境，使学生积极主动地融入角色，找到情感共鸣点，产生情感回应，调动表现欲。第二，教师也可以在课堂上联系学生的日常生活和经验进行场景的布置，利用影像、录音机、多媒体、网络等各种现代化教学设备，创设具体直观的交际情境，使学生兴趣倍增，情绪高涨。第三，教师可以通过让学生进行角色表演，进入交际情境。爱表现是学生的天性，在真实的表演中，学生的情感能自然流露，学生交际的欲望十分强烈。因此，教师可以将课文内容改编成情景剧，将静态的口语交际内容变为以交际为目的动态内容，让学生在表演的同时进行口语交际。第四，教师还可以在课堂上模拟家庭生活、社会生活等发生的真实情景，激发学生的好奇心和兴趣。

（三）多元互动策略

口语交际是听与说双方的互动过程。参与交际的人，不仅要认真倾听，掌握对方说话的要点，而且要适时表达自己的意见和想法，随机应对。正是在双向或多向互动中，口语交际的双方实现了语言信息的顺畅沟通与交流。一旦一方停止发送信息，交际也就中断了。"互动"是小学语文口语交际教学区别于听说教学的最大特征。即使像报告、演讲等独白式交际，也是需要互动的，听者对说话者也要有表情的回应。

小学语文口语交际教学的互动方式有许多，常见的有三种：一是师生互动。这要求教师转换传统的权威角色，与学生平等交流，鼓励学生产生表达的欲望和思想的火花。二是生生互动。这是同桌之间、前后桌学生之间、小组成员之间相互合作、交流、沟通的方式。在编排组合时，教师要考虑学生之间的合理搭配。三是群体互动。这是班级小组与小组之间或全班学生共同参与的活动方式，也可以拓展为班级与班级之间，班级与学校、家庭之间更广阔的口语交际方式。

无论是哪一种互动方式，学生与其他互动的成员之间都是相互协调、有机组合的，这种师生之间、生生之间和群体之间的互动关系，不是为了完成口语交际某一阶段的话题而暂时维系的，而是为了培养学生口语交际能力而稳固构筑的，这种互动关系贯串课堂教学的全过程。

多元互动策略要遵循"以人为本"的理念，关注每一位学生的发展，让每一个学生都成为交际的主体。教师不能只看互动学生的热闹表象，更要特别关注少数"弱势"学生的参与程度。这些学生或因为性格内向，或受先天条件限制，不善于口头表达。久而久之，他们容易丧失表达兴趣，也容易被忽视。他们更需要得到老师和同学的关心、尊重和信任。因此，教师要在课堂上建立师生之间、生生之间平等和谐的人际关系，尽量为"弱势"学生提供口语交际的机会，经常鼓励他们尝试和参与，共同形成一个轻松、自主的交际课堂，保证口语交际互动路径的畅通。

（四）示范指导策略

小学生口语交际的内容、方式和语言形式还比较粗疏，其口语交际态度、习惯和能力等正在形成发展的过程中，而教师的言谈态度、习惯和风格个性都会在潜移默化中对学生产生巨大的影响。因此，在小学语文口语交际教学中，教师的示范极为重要。

首先，教师要身体力行，以自身规范的言语行为作为学生的表率。在课堂教学中，教师优雅得体的手势表情、敏锐准确的倾听水平、简洁明快的教学语言，以及丰富多彩的表达风格与习惯，都是学生口语交际训练的直接示范。因此，教师要加强自身的口语交际素养，处理好教学中的口语交际与平时口语交际的关系，使课堂教学语言既有教师语言的共同美感，又具有个人风范，从而真正成为学生学习口语表达的对象和楷模。

其次，教师在生活中的口语行为，也应规范得体，不能"课堂文明话，下课粗俗话"，这样会对学生的口语交际行为产生误导，不利于学生形成文明得体的口语交际习惯。

同样，教师的指导十分重要，这种指导主要包括三个方面。

（1）指导学生倾听。例如，教师在指导学生专注耐心地倾听时，要结合具体典型案例，甚至教师亲身示范等，让学生明白怎样才是专注耐心，然后在具体情境中让学生实践和感受，学会专注耐心地倾听。

（2）指导学生表达。要加强学生普通话水平的训练。无论是在课堂教学还是在课外活动中，无论是与学生讲话还是和教师交流等，都要求学生使用普通话。当学生出现发音不标准、用词不当、语序颠倒或语意不畅时，教师应及时提醒和矫正错误，使学生逐渐形成按规范讲普通话的自觉性与主动性。指导学生讲话文明有礼。适时、适当地使用文明礼貌语言，能给人以亲切、和蔼、大方和有教养的感觉，能营造一种健康、积极、和谐的交际氛围。教师要指导学生有条理地表达，在指导学生表达时，先提纲挈领地亮出自己的观点，再迅速整理思路，围绕观点进一步思考，从具体的哪几个方面来选择内容和组织语言，做到有理有据。

（3）指导学生交际技巧。比如，如何在交际的最初几分钟迅速打动对方？如何处理尴尬的场面？教师要指导学生恰当地用交际中的无声语言，如表情、手势、动作等，强化口语的表达效果。在口语交际时，学生要神情自信、自然，目光坦诚，切忌左顾右盼、心不在焉或居高临下、目中无人。此外，教师还要指导学生根据不同的交际对象、场合和语境，适时地调整自己，提高自控能力和应变能力等。

（五）评价反馈策略

评价反馈，是任何学科教学内容都不可缺少的一个重要环节。小学语文口语交际教学也应重视评价反馈策略，建立自己的评价机制，以便对口语交际活动及时进行反馈与改进。评价必须在具体的交际情境中进行，让学生接受有实际意义的交际任务，以反映学生真实的口语交际水平。这是小学语文口语交际教学进行评价反馈的指导思想，也是小学语文口语交际教学评价的策略和方法。

在小学语文口语交际教学中，评价的主体也应多元化，可以是教师评价、学生自评，也可以是教师评价和学生互评等相结合，甚至还可以让家长参与评价。在评价时，教师要尽量以鼓励为主，多从正面加以引导，激发学生参与口语交际的积极性与主动性。对于在活动中表现优异的学生，教师要及时表扬，给予充分肯定；对于正在进步的学生，教师则可以提供一些实质性的改进意见。评价学生不能只说"很好""不错"之类笼统的话语，而要准确到位地说出优缺点，如"你的声音很响亮，吐字清晰""表达流利连贯，比以前有了进步""观点很独特，很有见解""如果语速能够慢点效果就会更好"等。这样，在每一次口语交际活动中，学生都能得到富有建设性的反馈信息，以便及时发现和改进不足，逐步提高交际能力。

二、提高学生口语交际能力的途径

口语交际能力的形成，需要落实在具体的交际实践中。小学口语交际教学渗透小学语文教学的各个环节，教师不能狭隘地理解为课堂教学或口语交际专题课。因此，小学语文口语交际教学的途径是多种多样的。下面从口语交际课、阅读和写作教学、生活实践三个方面进行具体论述。

（一）在口语交际课中培养口语交际能力

口语交际是语文课程中的一个重要学习内容，和阅读、写作一样，口语交际应当进行专项训练。在进行专门的口语交际教学时，教师要根据课程标准的要求、教材内容的编排和学生实际，合理设计和安排，使学生的口语交际训练能系统、集中、有序地开展，保证教学的高效。

1. 循序渐进地安排各学段的教学重点

捷克教育家扬·阿姆斯·夸美纽斯（Jan Amas Komensky）在论述循序渐进的教学规则时指出："一切功课的排列都要使后学的功课能够依靠先学的功课，要使一切先学的功课能够靠后学的功课固定在心里。"小学语文口语交际教学也应该依据循序渐进的原则，有序地确立教学重点，安排教学内容。教师要掌握小学不同阶段口语交际教学的目标，通盘考虑，统筹安排，要求由易到难，内容由简单到复杂，形式由单一到综合，逐步提升学生的口语交际能力。在口语交际能力的培养上，从小学低年级到小学高年级的教学重点，应分别体现出以从训练口语基础技能到参与各类交际活动为主的纵向深入的特点。在口语交际内容的选择上，应体现出交际情境的创设分别以家庭生活、学校与同伴生活为主的横向拓展特点。一位教师应在实践中总结出螺旋式上升的五个阶段的口语交际教学设计。第一阶段，想办法让学生"开口说"；第二阶段，教会学生"怎样说"；第三阶段，帮助学生"找话说"；

第四阶段，鼓励学生"大家说"；第五阶段，激励学生"自由说"。

2. 创造性地使用教材内容

与以往教材相比，现行语文教材比较重视口语交际教学，安排了较多的口语交际训练。教师应充分利用教材中安排的口语交际内容，使之在口语交际专项训练中发挥重要作用。比如，自我介绍、看图说话、复述故事、讲故事、讨论演讲、辩论等活动，都为教师设计口语交际课提供了形式多样的参考。教师首先要认真研究，准确把握教材，珍惜每一个专项安排，尽量用好教材中现有的教学资源。但教材提供的内容往往不够具体，未必切合各地教学实际。因而，教师不能拘泥于教材内容、僵化操作，而要根据学生特点和地方实际，适当地进行增删调整，灵活、创造性地使用教材，优化教学效果。

3. 选择适当的教学方法

在进行小学语文口语交际教学时，教师针对不同的内容，精心选择灵活的教学方法，会使学生具有积极的参与状态。小学语文口语交际教学的方法丰富多样：根据不同的活动形式划分，有问答法、讨论法、模仿法、表演法、复述法、讲解法、诵读法等；根据不同的教学范围划分，有全班式、小组式、个人式等。针对不同的教学内容、不同的学生和不同的教学条件，教师应选择合适的教学方法，切实提高学生的口语交际能力。例如，小学生生活阅历比较少，认识能力不够强，知识积累和语言基础较弱，宜采用诵读法、看图说话法、问答法、游戏法等，以此激发学生的兴趣，树立交际的信心，培养能力。教学方法不仅要因学段而异，还要因学生而异。对待学习态度不端正和学习能力偏差的学生，教师宜采用个别指导法；对于学习能力较强的学生，教师要鼓励其自主学习，帮助其实现更高的目标和要求；对于语言能力强的学生，教师可以采用讨论法，促使他们提升口语交际技能；对于语言能力弱的学生，教师可以采用诵读法和模仿法，加强练习机会；对于场依存型学生，教师可以用讨论法打开思路；对于场独立型学生，教师可以使用问答法、表演法等发挥优势、取长补短。实际上，在某一次具体的口语交际课中，往往不会只采用单一的教学方法，而是多种方法相结合，只有这样才能取得好的教学效果。

（二）在阅读和写作教学中培养口语交际能力

阅读和写作教学，是师生和生生进行交往互动的过程。语文教师不能只凭借口语交际专项训练来发展学生的口语交际能力，而应当将口语交际教学意识渗透语文教学的全过程，通过长期感染和熏陶，潜移默化地提高学生的口语交际能力。

1.结合诵读进行口语交际训练

诵读是学生口头表达的基础，它既能让学生积累规范的语言，又能让学生体会到规范语言的价值。诵读具体分为三种，即朗读、朗诵和背诵。

朗读可以培养学生敏锐的语感，丰富口语材料，锻炼口才。重视朗读训练，就要让学生多听录音和教师范读，通过直观感受语气、语调的变化，深刻感受语言的情感。教师可以让学生在理解课文的基础上，学会将作者表达的思想感情转化成自己的语言。教师还可以通过生生和师生对朗读的评价，来提高学生的朗读能力，展开口语交际过程。

朗诵，是一种较高层次的口语训练。以有感情地朗读为基础，要求学生创造性地运用停顿、重音、语调、语速，辅以手势、眼神、身体动作和面部表情等体态，将朗读艺术化。

背诵，是一种传统的口语训练形式，既可以积累大量语言材料，又可以强化记忆能力，还可以锻炼口头表达能力。背诵训练是指导学生在理解的基础上记忆，不能死记硬背。此外，进行背诵训练时，教师还要教给学生识记的方法，如尝试重现背诵法、整体背诵法、分部背诵法、综合背诵法等。

2.结合复述课文进行口语交际训练

复述课文是指让学生用自己的语言和课文中的重点语句，把课文的内容有条理、有重点地表述出来。它不像背诵课文那样照着原文背下来，它必须在学生理解、消化课文内容的基础上才能实现，是一种对课文内容的加工和语言的再创造。因此，它是口语交际训练的重要方法。在教学中，教师要根据课文内容、体裁特点、学生的实际和口语交际要求，确定复述的内容和形式。复述课文既可以复述段落，也可以复述全文；既可以详细复述，也可以简要复述；既可以按照原文复述，也可以创造性复述。在复述时，学生既要按照一定的顺序，突出重点内容，详略得当，又要有条理、有感情，尽量使用课文中的重点词语和典型句式。在复述时，教师可以运用口语交际的方式进行必要提示，启发学生的思维，帮助他们回忆故事内容和情节，从而降低复述的难度。这样，学生既形成复述能力，又训练了口语交际技巧。

3. 结合提问讨论进行口语交际训练

思维的发展是从发现问题开始的。教师或学生提出一定的问题，然后围绕这个问题展开讨论，师生一起分析问题和解决问题，是课堂教学最常用、最有效的手段，也是训练学生口语交际能力的重要方式。在教师的引导和鼓励下，学生在感知和理解课文的过程中，不懂就问，敢于提出问题。有了问题后，学生通过阅读文本、查阅资料等积极思考，大胆地发表自己的见解和看法。为了完善和提升自己的认识，学生经常需要与同伴讨论，进行小组合作，找到解决问题的好办法，而教师在课堂上因势利导，于学生疑惑处启发，于思维阻塞处疏导，于学习关键处点拨。师生之间、生生之间的相互交流和讨论，不仅加深了对文本的理解，提高了学生分析和解决问题的能力，而且促进了学生思维能力的发展，训练了学生的口语交际能力。

4. 结合民主评议进行口语交际训练

在民主、开放的语文课堂，师生是平等交流的，学生有充分展示个性的机会。这要求学生不仅要积极思考判断，提出自己的观点，还要特别留心倾听别人的朗读和发言，提出不同的看法，做必要的补充。在评议时，首先要求学生用心倾听别人的朗读、发言和答问，不要随便打断别人的话题，注意交际礼貌；其次，积极思考和判断，对话题进行补充，提出不同的意见。在评议时，对于别人提出的意见，学生既要采取悦纳的态度，又要进行必要的争论，保持自己独立的思想。学生对教师、同学读书和回答问题等情况，发表自己的见解，说出自己的看法，而被评议的学生可能虚心接受，也可能坚持自己的意见，这样自然会形成互动过程。在评议过程中，学生不仅深化了对文本创造性的理解，而且能逐渐形成相互交流、大胆争辩的口语交际能力，提高口语交际的信心。因此，教师应当重视将评议贯串整个课堂教学过程。

5. 结合填补空白进行口语交际训练

由于表达的需要，课文中会出现情节跳跃、内容省略的现象；在有些课文中，还有令人遐想的立意、耐人寻味的结构、意犹未尽的语言；有些课文的标题就能够引起读者丰富的联想。教师要善于抓住这些内容，用口语交际填补空白。

填补空白的形式有两种。一是对关键词句填补空白。在课文中，有些词语比较抽象，概括性强，而有些人物的语言非常简洁明快。在教学时，教师可以让学生对这些或抽象或简洁的语言展开合理加工和想象，让简约的语言更丰富，让抽象的语言更具体。二是对省略内容填补空白。在写作上，不少作者会采用详略结合的方式，有时因表达的需要甚至会将一部分内容省略。在利用课文这些"空白"进行口语交际训练时，教师可以让学生先进行合理的想象，再把略写或省略的内容说具体，说完后请其他学生补充、评价，让学生借助这一载体充分经历互动的过程。例如，《项链》一文的结尾戛然而止，那一串省略号意味深长，给读者留下了无尽的悬念和思索。教师可以让学生续说一个结尾来激发想象力，培养他们的口头表达能力。

6. 结合口头作文进行口语交际训练

说和写有着密不可分的关系，口头作文就是一种兼具写作和口语交际功能的言语活动。口头作文要求当众述说，可以使学生在表达时锻炼语音、语速、措辞、语态和情感等，这对学生口语交际能力的提高大有帮助。在进行口头作文练习前，教师可以适当地教给学生一些口头作文的技能技巧。例如：如何注意话题语境的把握；如何让措辞简洁明了；如何才能使语言生动形象，让说出的话有中心、有逻辑；如何在说话时配上适当的表情、手势。教师要注意口头作文的选题，学生只有对话题产生了兴趣，才可能有表达的意愿，主体意识才容易被调动起来，进而积极地参与到活动中来。在口头作文时，学生要思考三个方面，做到迅速构思。第一，确立中心，明确自己的观点和态度。由于构思时间短，学生必须想好自己说些什么，并确立文章中心。第二，从实际出发，为作文寻找一个恰当的切入点。第三，注重结局的简洁明快，做到首尾呼应，会使口头作文更加完整。为了克服述说口头作文时的紧张心理，学生要对文章的结构和内容有必要的准备。事先做到心中有数，才会充满信心和勇气。在评讲口头作文时，教师应当侧重分析学生口语表达的情况，有针对性地对学生的口语表达予以指导和讲评，帮助学生解决在系统、连贯地讲话时所遇到的各种困难，真正提高学生的口语交际能力。

（三）在生活实践中培养口语交际能力

培养学生的口语交际能力，不仅要加强学科之间的联系，将其融入各学科的教学，还应当充分利用学生丰富多彩的日常生活，组织各种有价值的活动，为学生增加口语交际的实践机会。

1. 在学校生活中锻炼

教师可以利用语文课以外的时间，在学校开展一些活动来进行口语交际训练。例如，处理班级和学校一些热点问题、突发事件，组织班级活动，开展主题班会、讨论会，甚至利用电影、电视节目进行口语交际训练。在开展这些活动时，教师可以把主动权交给学生，让学生运用自己的聪明才智去安排活动、设计方案、制定规则和完成活动。这样既丰富了学生的课外生活，提高了学生的实践能力，又锻炼了学生的口头表达能力，加深了学生之间的交流与情谊。同时，教师还应有意识地利用课余时间让师生之间和生生之间有更多的交流机会，随机进行训练和提高，创造机会，抓住每一个机会使学生得到口语交际的锻炼。

2. 在社会生活中锻炼

现实社会生活中蕴含着丰富的口语交际资源，让口语交际和社会生活紧密联系，为学生创造了一个口语交际的广阔天地，既能使学生学到在课堂上学不到的知识，又能在实际应用中提高口语交际的能力。因此，教师应该组织学生在社会交往中开展各种口语交际实践活动。例如，教师可以组织学生走出学校，去参观风景名胜、博物馆、科技馆、展览馆等，参加一些社会宣传活动和服务活动，参加社区的各种有益活动，进行社会调查以了解当地的经济、文化情况等。学生可以在日常生活具体的交际情境中进行训练，如去超市购物、到市场买菜、问路、借东西、和亲朋好友交流、当小记者去采访等。通过观察和体验真实的生活，学生由学校走入社会，提高在社会实践中运用语言的能力，同时也逐步学会如何关心周围的人和事，开阔视野，为将来走向社会进行交际活动打下良好基础。

3. 在家庭生活中锻炼

家庭生活是学生形成口语交际能力的重要土壤。教师应当利用家长会、个别交流等方式，经常和家长沟通，提高学生的口语交际能力。

首先，要营造宽松和谐的家庭氛围。民主的家庭，往往能营造和谐宽松的家庭氛围，孩子常被视为一个独立的个体而得到尊重，他们有较多的机会参与家庭交往，在家庭决策中发表自己的意见，他们也会心无芥蒂地将自己的经历和想法与父母交流，并得到理解与耐心的指导。正是这样的家庭氛围，使孩子想说、敢说、最终会说。而在冷漠、粗暴、紧张和强制的家庭氛围中，孩子出于自我保护的本能，不敢也不愿与父母沟通，久而久之就丧失了交际的兴趣。

其次，家长要掌握必要的口语交际技巧。在孩子产生了口语交际的兴趣后，家长要引导孩子掌握倾听、表达和交流的口语交际技巧，使孩子养成良好的表达习惯，如说普通话的习惯、正确流利地表达的习惯。在表达时，孩子难免会出现言不达义、重复啰唆的现象，有时还会出现一些不规范的说法，如把"糖"说成"糖糖"，把"睡觉"说成"睡觉觉"。家长要耐心指导，帮助他们纠正，使孩子逐渐形成良好的语感。这样，表达也会日趋正确和流利。当然，在指出孩子表达中的问题时，家长不可操之过急，应以孩子能够接受为前提。家长还可以引导孩子根据不同的场合，选择不同的表达方式，使自己的表达更贴切。例如，用"还可以用什么词语""还可以怎么说"等鼓励性的话语，调动孩子的记忆储存信息，体现表达的灵活性和丰富性，提高孩子的表达水平。

总之，学生在社会生活中，与人交际的机会随时、随处都有，关键是抓住每一个机会让学生在生活实践中加强锻炼，逐步学会倾听、表达与交流，把学校与家庭、社会有机地联系起来，共同为提高学生的口语交际能力创造条件和机会。

第五节　小学语文综合性学习教学

一、小学语文综合性学习的内涵

关于语文综合性学习的内涵，学术界有不同的看法。有学者认为，语文综合性学习以语言课程的整合为基点，加强语文课程与其他课程的联系，强调语文学习与生活的结合，以促进学生语文素养的整体推进和协调发展。也有学者认为，不应该局限于从学科角度理解语文综合性学习。综合性学习作为一种相对独立的课程组织形态，它超越了传统单一学科的界限，按照水平组织的原则，将人类社会的综合性课题和学生关心的问题以单元的形式统一起来。它通过学生主体的创造性解决学习过程中的问题，有机地将知识与经验、理论与实际、课内与课外、校内与校外结合起来，以提高学生综合性解决问题的能力。两类看法的主要分歧在于，综合性学习是否要凸显学科特点。

小学语文综合性学习有利于学生在感兴趣的自主活动中全面提高语文素养，是培养学生主动探究、团结合作、勇于创新精神的重要途径。小学语文综合性学习是语文学科中的重要组成内容，其应该凸显语文学科的特点。"综合"是小学语文综合性学习最重要的特征，但这个"综合"是在语文中的综合。

（一）小学语文综合性学习是语文学习内容的综合

这方面的综合包括语文学科内容的综合、语文与其他学科的综合、语文与生活实践的综合。

1.语文学科内容的综合

语文学科内容的综合，主要是指听、说、读、写的综合。小学语文综合性学习主要体现为"语文知识的综合性运用，听、说、读、写能力的整体发展""加强语文课程内部诸多方面的联系"，这体现了小学语文综合性学习作为小学语文学科重要组成内容的特点。叶圣陶先生曾指出："我们一方面要让学生善于说，另一方面要使他善于听。读和写呢？读就是用眼睛来听，写就是用笔来说；反过来说，听就是读，用耳朵来读，说就是写，用嘴巴来写。所以现在的语文教学，要把听、说、读、写四个字连起来。"张志公先生也曾说："听、说、读、写各有其不同的特点、功能与规律，不能互相代替。四种能力又是相互依存、相互制约、相互促进的，不可割裂开来，有所偏废，顾此失彼。"因此，小学语文综合性学习，首先要注重语文学科内容的综合。

2.语文与其他学科的综合

语文与其他学科的综合，指的是与其他各学科知识的相互打通、综合、重组与提升，学生通过综合运用各学科知识，不断探究、学习和发展。语文与其他学科的综合，打破了学科之间的壁垒，改变了过于强调学科本位的状态，体现了课程综合性发展的必然趋势。小学语文教学应密切关注现代社会发展的需要，拓宽语文学习和运用的领域，注重跨学科的学习和现代科技手段的运用，使学生在不同内容和方法的相互交叉、渗透和整合中开阔视野。这正充分体现了语文作为基础学科，与其他学科密切相连的特点。而小学语文综合性学习充分发挥了语文学科的这一特点，让学生在更广阔的空间中学习语文，更好地培养语文素养。

3.语文与生活实践的综合

语文与生活实践的综合，则是基础教育课程改革强调的发现和探究学习在人发展中的价值的体现。语文是实践性课程，要让学生能够在生活中运用语文，首先就要让学生在生活中学习语文、运用语文。语言本身就是从生活中来的。作为母语，学习资源和实践机会无处不在、无时不有。应该让学生多读、多写，在大量的语文实践中体会和把握运用语文的规律。学生根据在生活中学到的语言，建构自己的语文知识系统，再根据自身的特点，运用语文。

（二）小学语文综合性学习是语文学习方式的综合

传统的小学语文教学偏重于学生的接受学习，而小学语文综合性学习则是基于学生的直接经验，密切联系学生生活实际，体现对知识的综合运用的

71

过程，是倡导的自主、合作、探究学习方式的过程。因而，小学语文综合性学习更强调学习方式的综合，强调个体独立学习与同伴合作学习相结合，接受学习与探究学习相结合，理论学习与实践学习相结合，课内学习与课外学习相结合。学习方式的综合，更体现为学习方式的多样化，由传统的知识"传递—记忆"的方式，转化为多元化的方式，如"观察—表达""问题—解决""活动—探究"等方式。

综上所述，小学语文综合性学习，是学生在语文实践活动中综合运用语文知识，整体发展听、说、读、写能力的过程，是语文课程与其他课程沟通融合的过程，是学生在生活实践中运用语文知识的过程。其根本目的，是使学生的语文素养获得全面、协调的发展。

二、小学语文综合性学习的功能

作为一种新型的课程内容和学习形态，小学语文综合性学习拓宽了语文教育的空间，拓展了小学语文学习的领域，在培养学生方面具有以下五个方面的功能。

（一）有利于学生体验成功的快乐

小学语文综合性学习多样的形式，给学生提供了一个展示自己能力的平台。在完成学习任务的过程中，他们可以获得成功的体验，从而得到快乐。小学语文综合性学习评价是多元化的，是以促进学生发展为目标的，这就从不同方面、不同层次肯定了学生，让学生有了更大、更广阔的发展空间。在自主状态中，学生更能体会到成功感。

（二）有利于提高学生的语文综合能力

小学语文综合性学习要求学生具备阅读、写作、口语交际能力，这有利于培养学生的语文综合能力。学生参与语文综合性学习，在做活动准备的阶段，要阅读丰富的材料，开展收集、筛选等活动，锻炼了阅读、理解和判断等能力。在开展探究活动时，学生要走进大自然、走向社会，要与人交往，锻炼了观察和表达能力。在进行材料提炼、成果形成的过程中，学生锻炼了写作能力。在进行交流汇报时，听、说、读、写能力都要综合运用。在整个综合性学习的过程中，学生更要综合运用各种语文能力。

（三）有利于学生个性化的发展

小学语文综合性学习充分尊重学生的兴趣、爱好，为学生自主性的充分发挥开辟了广阔的空间。综合性学习的组织，以学生的个性化体验为核心，鼓励学生自主选择学习内容及方式，教师仅是活动的建议者、组织者和协助者。综合性学习的开展，更多的是关注活动的过程与方法，尊重学生个性化的学习方式和学习风格，尊重学生独特的体验过程、体验方法和体验结果。综合性学习的成果展示也是个性化的，学生可以自主选择运用调查报告、演讲、文章或小品等各种形式，更好地表现自我。小学语文综合性学习的评价可以促进学生个性化的发展。

（四）有利于培养学生合作探究的能力和良好的学习习惯

小学语文综合性学习要求学生自主和合作相结合，并在许多情况下采用小组形式完成学习任务。在活动过程中，学生要学习应对各种人际互动，如学生之间的互动、师生之间的互动、与调查对象之间的互动等。在交际中学会交往，在实践中学会研究、学会做事，有利于使学生真正实现学习方式的转变，培养合作和探究能力。而由于综合性学习呈现开放学习态势，有着"宽松"的学习空间，学生可以在一种开放、主动和多元的学习环境中学习，这样更有利于他们形成良好的学习习惯，包括思考的习惯、查阅资料的习惯、深入探究的习惯等。

（五）有利于学生形成社会责任意识

小学语文综合性学习强调真实生活情境的创设，提倡让学生在真实的自然环境、社会环境及人文环境中开展活动，关注现实生活中有价值的问题，学习发现问题、分析问题和解决问题的能力。在活动过程中，学生会初步形成对人与自然、人与社会关系的正确认识，注意个人行为对自然和社会环境造成的后果，逐步形成关注社会进步的意识，懂得"社会发展，人人有责"的基本道理。

三、小学语文综合性学习方案设计的方法

（一）理解并掌握《全日制义务教育语文课程标准》中的相关要求

综合性学习主要体现为语文知识的综合运用，听、说、读、写能力的整体发展，语文课程与其他课程的沟通，书本学习与生活实践的紧密结合。综合性学习应贴近现实生活，联系生活中的实际问题，开展学习活动，在实现语文学习目标的同时，提高学生对自然、社会现象与问题的认识，追求积极、健康、和谐的生活方式，增强学生抵御风险和侵害的意识，增强学生在与自然、社会和他人互动中的应对能力。综合性学习应突出学生的自主性，重视学生积极主动的参与精神，主要由学生自行设计和组织活动，特别注重探索和研究的过程，要加强教师在各环节中的指导作用。综合性学习应强调合作精神，注意培养学生策划、组织、协调和实施的能力。综合性学习的设计应开放、多元，提倡与其他课程相结合，开展跨领域学习、跨学科学习，也应以提高学生语文素养为目的，积极构建网络环境下的学习平台，拓展学生学习和创造的空间，支持和丰富语文综合性学习。

（二）确定小学语文综合性学习的目标

学习目标，是学生在学习以后能达到的标准。明确目标，是开展小学语文综合性学习的先决条件。综合性学习的总目标是提高学生对语文知识的综合运用能力，但每一次的综合性学习，还应该有更具体的目标，有一个重要的因素，即学生的具体情况。语文教材是以单元形式呈现的，而综合性学习内容是根据单元要求编写的。单元的相关要求，也是对综合性学习活动的要求。教师在设计综合性学习方案时，必须考虑单元的要求。

（三）策划小学语文综合性学习的中心活动

小学语文综合性学习是以活动为中心的，持续的时间也比较长，因此教师在设计方案时就要仔细考虑、认真策划，策划方案的重点是确定中心活动，这是方案设计的核心环节，也是加强方案设计整体性的重要步骤。确定了中心活动，后面开展活动的设计才不会零散、漫无目的。中心活动的确定以目标达成为基础，不仅要考虑学生的兴趣与参与度，还要考虑能运用的教学资源，特别是生活资源。

（四）制定小学语文综合性学习活动的具体方案

制定小学语文综合性学习活动的具体方案，具体来说，就是思考并谋划如何组合与运用各种学习、教学手段，采用一定的教学方法，指导学生在一定的时间内完成学习任务。这是方案设计的重要部分，解决的是"如何开展活动"的问题。具体方案设计得越完善，活动开展就越能落到实处，小学语文综合性学习目标的达成度也就越高。

如果说前一个"确定中心活动"的环节更多的是从整体上考虑小学语文综合性学习方案，那么这一个环节就是分解活动阶段，确立各环节任务，明确各环节的学生学习与教师指导的活动。制定小学语文综合性学习活动的具体方案，一般要考虑三个环节，即活动前指导、活动中指导和活动后指导。

活动前指导，一般在教室进行。活动前的指导，强调激发学生开展活动的兴趣，指导学生开展活动的方法，组织学生做好开展活动的准备。做好活动前的指导是顺利开展活动的前提。

活动中指导，可以在教室进行，也可以在室外或校外进行。教师要指导学生在活动中学会发现问题、解决问题，以及学会撰写文章或活动报告。活动中的指导，强调教师要关注学生活动的过程，及时给予学生必要的协助，让学生的活动能顺利开展。

活动后指导，一般在教室进行。教师指导学生展示成果和分享成果，并对成果进行评议，可以包括回顾活动前的要求、各课外小组展示自己的作品或访问文章。活动后的指导，侧重于交流活动的组织与指导。活动的开展目的并不仅仅是活动本身，更重要的是要通过活动后的交流汇报，让学生分享活动成果，交流实践过程中的心得感受、体验及内心的成长，同时让学生在交流中通过倾听、观摩别人的实践，得到启发和提高。

（五）设计小学语文综合性学习活动的评价方案

小学语文综合性学习活动形式一般是开放式的，持续时间比较长。要保证活动能有效指向目标的达成，就必须关注活动全过程的评价。因此，教师在做综合性学习方案设计时，也应设计评价的内容与形式。

第一，综合性学习评价方案的设计，要注意明确目标及重点。评价目标要与方案目标相对应，同时由于学生的活动过程是持续变化的，评价也要分阶段进行，体现发展性。每一环节的评价，应有侧重点，不必求全。

第二，综合性学习的评价应该是持续性的，因此方案的设计要注意确定评价的时机，真正达到促进学生发展的目的。评价的时机要及时得当，通常在较重要的活动内容完成后，就要有相对应的评价，这样既能跟进学生的活动进程，又能对学生的进步给予适时的指导和鼓励，更能通过及时的评价促进学生的自我反思，提高学生在活动过程中的自我管理及主动学习的能力。评价时机的选择与评价内容有密切的关系。例如：评价学生在活动中的合作态度和参与程度，就要选择在活动整个过程中观察和评价；评价学生能否根据已有的课内外材料，形成自己的假设或观点，就应选在活动的中后期进行。

第三，综合性学习的活动是开放的。在设计评价方案时，教师要根据评价侧重点的不同，选择恰当的评价主体与评价方式。由于综合性学习的活动是以学生为主体而开展的，提倡自主、合作、探究的学习方式，因此评价更应强调让学生进行自我评价和相互评价，评价的方式也应多元化。

设计好综合性学习评价方案后，教师要充分发挥评价的指引作用，让学生在活动前了解评价方案，这样学生对整个综合性学习就有一个全盘的概念，对学习成果有预期的设想，便于根据自己的情况，制定相应的学习策略，安排适当的进度，让活动能够取得更好的效果。另外，教师也可以根据评价方案，有针对性地收集相关材料，为活动后的教学反思做好准备，切实提高学生的综合性学习能力和语文素养。

第三章　小学语文综合性学习教学

第一节　小学语文综合性学习概说

小学语文综合性学习，是新课程改革基于过去对语文课外活动的有效延伸与拓展，是对学生语文素养养成的重要途径，是新课程改革中最大的变化和亮点。教材单独将其列出，课标中对此进行了详细解读，可见其在学生学习语文过程中的重要地位和作用。

一、小学语文综合性学习的意义

开展小学语文综合性学习的意义在于将过去单一、枯燥的文字学习，更多地融入日常生活，在强调学科整合、实施跨学科学习的同时，让学生动脑动手，激发学生学习的热情与兴趣，令学生在潜移默化中感受文字的魅力、语言的魅力，在不知不觉中提高语文素质与素养。

（一）加强语文课程内部的联系

教师在组织学生进行综合性学习的时候，应加强语文课程内部的联系，例如，对学生听、说、读、写能力的渗透培养，对学生质疑和探究能力的培养，三维目标的落实达成，等等。

（二）加强与其他课程的联系

小学语文综合性学习的课程设计，自然会加强语文学科和其他学科的联系，比如，在综合性学习过程中，会整合数学、科学、美术、音乐、体育等多种学科，通过多学科的渗透，体现其综合性、实践性和实效性。

（三）加强与生活的联系

教师开展综合性学习，可以将学生学习语文的场所，置于生活的环境中，让学生感受到生活中处处有"语文"，"语文"无处不在。同时，要让学生学习生活中的"语文"，学会运用所学的知识来解决、处理生活中的问题。

（四）促进素养协调发展

教师在学生进行综合性学习的过程中，要更多地关注学生的个性与共性、学习兴趣、学习习惯，以及学习方法，从而更加有效地促进学生语文素养的协调发展。

二、小学语文综合性学习的目标

小学语文新课程标准明确了各学段语文综合性学习的目标。

（一）第一学段（一、二年级）的学习目标

（1）对周围事物有好奇心，能就感兴趣的内容提出问题，结合课内外阅读，共同讨论。

（2）结合语文学习，观察大自然，用口头或图文等方式表达自己的观察所得。

（3）热心参加校园、社区活动。结合活动，用口头或图文等方式表达自己的见闻和想法。

（二）第二学段（三、四年级）的学习目标

（1）能提出学习和生活中的问题，有目的地收集资料，共同讨论。

（2）结合语文学习，观察大自然，观察社会，用书面或口头方式表达自己的观察所得。

（3）能在老师的指导下组织有趣味的语文活动，在活动中学习语文，学会合作。

（4）在家庭生活、学校生活中，尝试运用语文知识和能力解决简单的问题。

（三）第三学段（五、六年级）的学习目标

（1）为解决与学习和生活相关的问题，利用图书馆、网络等信息渠道获取资料，尝试写简单的研究报告。

（2）策划简单的校园活动和社会活动，对所策划的主题进行讨论和分析，学写活动计划和活动总结。

（3）对自己身边的、大家共同关注的问题，或电视、电影中的故事和形象，组织讨论、专题演讲，学习辨别是非善恶。

（4）初步了解查找资料、运用资料的基本方法。

从各学段的目标中可以看出小学语文综合性学习的目标定位有以下五点。

1. 培养兴趣

将学生对语文的学习放入其日常生活中，激发其好奇心和求知欲，让学生在生活中感受语文，学习语文。

2. 学会观察

让学生对大自然及自己的家庭生活、学校生活及周围的现象进行认真观察并通过观察，产生疑问，从而培养学生的质疑和探究能力。

3. 开展活动

通过开展丰富多彩的相关活动，从简单的参与到后来的策划，让学生参与其中，增强其动脑动手的能力，同时通过相应的讨论交流，提高明辨是非善恶的能力。

4. 收集资料

从小学阶段开始，有意识地通过综合性的学习，培养学生收集、整理资料的能力，让学生能通过多种方式获取相应的信息，不断完善和丰富学生的课外知识。

5. 恰当表达

要让学生通过口头、图画或文字的方式，表达自己的观点、看法、认识，通过组织策划相关活动，增强其组织协调、总结、提炼的能力。

三、开展特色实践活动提升学生综合素养

语文是实践性很强的课程，教师应着重培养学生的语文实践能力，而培养这种能力的主要途径也应是语文实践。活动大课堂，实践长才干。实践活动是学生的必修课，好的实践活动是巩固知识、深化记忆、形成能力、激发创新的有效手段。若教师在教学中能根据时令假日的特点，开展一些特色鲜明的实践活动，这些活动必将成为开阔学生视野、活跃学生思维、陶冶学生情操、发展学生语言、培养学生实践与创新能力、全面提升学生综合素养及促进学生茁壮成长的重要环节。

（1）"十百塑心"实践活动。"热爱自己的祖国是理所当然的事"。开展"十百塑心"爱国活动是指用"十个一百件事情"的实践活动来塑造学生的美好心灵，引领学生走进"知我中华，爱我中华，壮我中华"的新境界。其具体活动包括：参加祖国万岁百题知识竞赛，争做祖国小灵通；听或讲百个革命故事，争当知国历史故事大王；讲出百个大中城市名称，争当知国情小先锋；会唱百首爱国歌曲，争当爱国小歌唱家；说出百名爱国英雄名字，争当心系英雄好少年；看百本（部）歌颂祖国的书籍（影视剧），争当爱国小博士；交百个朋友，争当友爱的小天使；做百件好事，争做小雷锋；学会百件家务，争当宣扬传统美德的好孩子；写百篇历史文章，争当爱国小作家。针对学生的年级特点，可以将"十百塑心"爱乡爱国活动分为三个层次：低年级，侧重以"听""说""读"为内容的实践活动；中年级，侧重以"唱""记""干"为内容的实践活动；高年级，侧重开展以"参加""做""写"为内容的实践活动。完成了这样的实践性作业，学生的心灵会受到熏陶，语言会得到发展，实践能力会得到提高。

（2）"节能减碳"实践活动。节约能源，减少二氧化碳的排放量，保护环境，节约资源。其具体活动包括：①广泛宣传。利用主题报告会、文艺节目，宣讲"节能减碳"的重要性和必要性；利用板报、校报宣传"节能减碳"的常识；印发资料，加强"节能减碳靠大家"的意识。②约法三章。节约一滴水，随手关闭水龙头，一水多用；节约一度电，人走灯灭，人走机（计算机、电

视机）停，尽量少用空调；节约一张纸，少用一张纸，一纸多用，废纸回收。
③竞赛展示。开展"节能减碳环保伴我行"绘画比赛、手抄报比赛活动，让学生用手中的画笔描绘出美好的节能型低碳家园；倡导学生收集废品，利用废品制作小装饰品、小工艺品，变废为宝，并将手工制品带到学校参加"小巧手，大制作"废旧物品制作展览。从自身做起，从身边的小事做起，学生不仅践行了自己的诺言，还会感染自己的家人和朋友，唤醒更多的人共同节能减碳，关爱地球。

（3）"与法同行"实践活动。掌握法律知识，树立法制观念，遵守法律规章，懂得维护自己和他人的合法权益是当代公民的基本素养。开展"与法同行"的实践活动可以激励学生学法、守法、依法维权，推动社区和谐发展。其具体活动包括：①举办讲座。邀请辅导员、执法人员到社区做法制报告或开展知识讲座。②组织竞赛。组织学生参加法律知识竞赛、讲演或作文比赛，表演以法律知识为主题的文艺节目。③模拟评审。开设模拟法庭，组织学生就当前的某一热点案例进行公诉、辩护、审判。④宣传法规。利用说快板、演小品、说相声的形式，让学生走上街头，走进社区宣传相关法规。让学生到执法部门参观和实地体验，利用节假日到交通路口或山头巡查，劝阻或制止各种违法违规行为。学生在活动中能够学到法律知识，受到深刻教育与启迪，增强法制观念，提高自身素质。⑤践行法规。在日常生活中学生带头遵守法规，并且勇于批评、纠正他人的不良行为。

（4）"亲近母亲河"实践活动。黄河，是中华儿女的"母亲河"，是中华文明之树绵延不断的根！它永远值得歌颂，中华儿女也应该铭记在心。开展"亲近黄河"的实践活动，可以促进学生了解黄河、热爱黄河、歌颂黄河、保护黄河。其具体活动包括：①诵读诗词。查找各种描写黄河的诗歌散文，朗读背诵其中的名篇佳作，感悟黄河之美，领略古今文人墨客对黄河的喜爱之情。②高唱赞歌。听一听、唱一唱赞美黄河的歌曲。③实地考察。走到黄河边，看一看沿河两岸的环境，了解黄河的现状。④保护黄河。访问环保部门，呼吁大家保护黄河。采访渔民，了解水产资源现状与渔民的生活状况。给渔民写一封有关水产资源保护的公开信。⑤抒发情怀。选一处自己喜欢的黄河边的风景名胜，写一句广告词，或者写一则环保广告语，或者尝试写介绍黄河的解说词，或者写一篇赞美黄河的文章。

（5）"欢度节日"实践活动。中华民族历史悠久、中华文化源远流长。针对传统佳节，设计特色鲜明的实践活动，不仅能使学生感受到民风民俗的文化魅力，还能提升学生的综合素养。比如，中秋来临之际，开展"中秋话团圆"实践活动可以使学生了解中秋节的起源，可以带给学生一种温情与遐想之感。其具体活动包括：①问一问。了解中秋节的由来和传说故事。②读一读。读写中秋明月的诗词、对联或者其他佳作。③赏一赏。中秋之夜一家人坐在一起，一边品尝香甜的月饼，一边仰望美丽的夜空，欣赏美丽的圆月。④聊一聊。亲人团圆，其乐融融，大家可以一起聊明月、金秋时节，也可以聊亲情。⑤演一演。演唱歌曲，表演舞蹈、小品、相声，朗诵诗歌，讲述故事，表达对佳节的赞美、对团圆的渴望。⑥写一写。用优美的语言、喜欢的文体，记录自己的见闻感受，赞美迷人的中秋，表达对亲友的思念之情。

（6）"环保卫士"实践活动。为了让地球远离污染，让青山绿水绕我家园，不妨结合植树节、地球日、环境日、爱鸟周等节日，利用"国旗下的讲话""班队主题活动"等形式，开展"教育一个学生，影响一个家庭，带动一片社区"的绿化宣传教育活动，积极开展争做"绿色环保小卫士"的实践活动，让学生从小树立环保意识，保护地球环境，共建美好家园。其具体活动包括：①保护自然，万物共存。种花植树，爱护身边的每一株花草、每一棵树、每一片绿地。保护野生动物，不猎杀、不食用珍稀动物和受保护的动物。②重复使用，一物多用。不使用一次性塑料袋，避免白色污染；不使用一次性筷子；自备购物口袋或提篮。③绿色消费，首选环保。使用无镉铅电池、无磷洗涤剂，减少对水和空气的污染。购买低氟家用制冷器具、无氟发用摩丝，减少对臭氧层的污染。④分类回收，循环再用。不乱丢废电池、废塑料等废物，将垃圾分类投放，变废为宝，使资源循环再生。⑤书画作文，展现成果。借助书法、绘画、作文等形式来展现环保现状，讴歌环保先进人物和事迹，呼吁人们积极投身环保事业，共建美好家园。

（7）"挑战生存"实践活动。"学会生存"是21世纪教育的四大支柱之一。

让学生学会生存是摆在教育工作者面前的一个永远都不会过时的重大课题。开展"挑战生存"的实践活动，可以让学生在活动中磨砺自己、锻炼自己，掌握基本的生存技能，培养吃苦耐劳、勤于探索、协作互助的精神。其具体活动包括：①挑战山野。让学生远足登山，走进树林，采摘野菜、果实，然后动手拾柴，自助野餐，化解饥渴。②挑战湖水。划船比赛，安全第一；游泳健体，逃生演练；撒网捕鱼，自力更生。③畅谈感想。令学生跟大家一起分享挑战生存的经验、智慧，以便更好地掌握生存之道，适应未来的社会发展。

（8）"走进农工"实践活动。"谁知盘中餐，粒粒皆辛苦。"开展"走进农工"的实践活动，让学生走进田间地头、工厂车间，感受农民、工人的辛苦劳动，粮食蔬菜、生活日用品的来之不易，养成勤俭节约的好习惯。比如，开展"亲近农村、农业、农民"的实践活动，其具体活动包括：①收集"农"语。农民伯伯的语言生动活泼，寓意深刻。让学生收集农民伯伯创造的谚语、歇后语、民歌，丰富自己的语言积累。②采访"农"民。走进农村，采访种植能手、饲养能手，学习他们的养殖经验，热爱他们的劳动成果。③体验"农"活。走进田间地头，给作物松土、除草、施肥；借助显微镜观察瓜果、蔬菜、花鸟虫鱼的生长情况，并将观察到的情况写进日记。④报道"农"情。梳理见闻感悟，将最有价值的东西加以整理、提炼，写一篇与此次活动相关的小作文，记录自己的所见所闻。

（9）"关心互助"实践活动。关心他人，帮助他人，是人间美德。"关心互助"的实践活动，以精神文明建设为主旋律，又是"五自"学习实践活动和"手拉手"互助活动的深化和发展，它将激发学生的关爱之情、互助之意、奉献之心。其具体活动包括：关心父母，争做父母的小帮手；关心伙伴，争做伙伴的好朋友；关心他人，争做友谊的小使者；关心集体，争做集体的小主人；关心社会，争做社会的小公民；关心动物，争做动物的好伙伴；关心环境，争做环境的小卫士。比如，春天来了，开展以"让鸟儿更自由地飞翔，让青蛙更快乐地游泳"为主题的爱鸟护蛙实践活动，引领学生从自己做起，不掏鸟窝，不捡鸟蛋，不捕蝌蚪，不捉青蛙。不仅如此，还要帮助社区的大朋友、小朋友共同爱鸟护蛙。又如，"手拉手"互助活动力争做到：①交一个"手拉手"好朋友。②写一封"手拉手"交友信（信中主要介绍学生的生活、学习及家庭、学校的情况，并表达对远方朋友的关心和祝福，写信、寄信全由学生自己独立完成。当学生接到远方朋友的回信时，教师要提醒他们保持联系，使友谊不断加深，成为真正的好朋友）。③将优秀图书送给小伙伴，共同读书、读报，获取真知，一同茁壮成长。④给小伙伴赠送一件当地的土特产品。⑤向小伙伴学一种新知识或新本领。⑥为小伙伴做一件好事。

实践新天地，活动育英才。教师只有经常紧扣时令节日，精心设计并开展一些富有鲜明特色的实践活动，才能引领学生尽早迈向主动学语文、用语文、增见识、活思维、长才干、育心灵的美好境界。

第二节　小学语文综合性学习的基本类型及特点

一、小学语文综合性学习的基本类型

根据学生学习生活的环境，以及语文知识、能力的获取途径来划分，小学语文综合性学习可以分为以下几种类型。

（一）文本拓展

小学语文综合性学习是对学生语文课堂的延续，小学语文教材从内容到形式都具有很强的典范性。在综合性学习中，教师要从文本开始，以课文内容为立足点，挖掘综合性学习主题。综合性学习中的许多内容还具有丰富的知识性和深刻的教育性。为小学语文综合性学习选题提供了丰富的素材。

（二）家庭生活

学生的生活，更多的是在家庭中和亲人的相处。在小学语文综合性学习的主题确定中，教师可以家庭生活为主题来进行设计，比如以"我爱我家"为主题，让学生围绕"我家的位置""我家的房子""我家的亲人""我家的特色"等开展绘画、小报、写作等综合性实践活动。

（三）走进社区

社区也是学生生活中不可缺少的场所。在社区生活中，学生既能享受到社区生活的丰富，也能从社区生活中感受到社会生活的缩影。在小学语文综合性学习中，教师可以以"社区生活"为主题来设计相应的实践活动。比如以"生活与环境"为主题，开展相关的活动，如让学生发起相应的保护社区环境的倡议书，对居住小区的花草树木进行分类，制作相应爱护花草的标语，开展拾捡垃圾、清洁环境的活动，撰写相应的调查报告等。

（四）亲近自然

让学生投入大自然的怀抱，感受一年四季变化的脚步，以春天为例，让学生听听春天的歌，看看春天的美，读读春天的诗，画画春天的景，写写春天的儿歌、童谣、作文等。教师只有贴近学生生活，抓住闪光点设置小学语文综合性学习的内容，才能激发学生学习的兴趣与学习的乐趣。

（五）了解社会

社会生活的广阔天地，是语文学习"取之不尽、用之不竭"的源泉，教师要善于引导学生在鲜活的事件中有机地进行综合活动。例如，节假日来临，学生可根据从各种媒体所获得的当地旅游信息和自己所亲身经历的旅游经验，开展以设计一条"家乡最佳旅游路线"为主题的学习活动，推荐当地的名胜古迹，介绍当地的风俗民情、民间传说，描绘旅游景点、特色餐饮及小吃，开发游览新项目，提出合理的日程安排、意见与建议。

二、小学语文综合性学习的特点

（一）综合性

综合性是指在学习活动中既要体现出"知识和能力""过程和方法""情感态度和价值观"三个维度目标的综合，也要体现出对听、说、读、写等方面的语文知识与能力的综合，还要关注语文课程和其他课程的综合及学生学习方式的综合。教师要通过多种综合，促进学生语文素质素养的提升。

（二）活动性

活动性是小学语文综合性学习的重要特点。活动性强调语文学习与生活的联系，活动的范围包括学生学习和生活的各个方面，教师要通过活动促进学生听、说、读、写等语文能力的提升，通过参与活动，让学生学会分析问题，探寻解决问题的方法，培养策划、实施、参与、协调的能力及合作精神，在活动上掌握知识和运用知识，使学生明白"语文"无处不在，生活处处皆"语文"，并引导学生学会在各个领域里运用语文知识，并在运用中进一步爱上语文学习，从而学好语文。

（三）探究性

课程标准指出，综合性学习是"培养学生主动探究、团结合作、勇于创新精神的主要途径"，实施综合性学习，应"特别注重探索和研究的过程"。探究性要求重过程、重体验，"'综合性学习'的课程目标一般不是指向某种知识或能力的达成度，而是提出一些学习的活动及其要求，主要指向'过程'"。

（四）自主性

小学语文综合性学习特别注重探索和研究的过程，教师应突出学生主体的自主性。从活动的选题到设计，到环节的组织安排、小组的分工，以及在活动中遇到问题的处理，到学习结果的呈现方式方法和活动的评价总结，教师都应该充分地尊重学生的意愿，做好引导、点拨即可。

（五）开放性

开放性主要体现在小学语文综合性学习的生活化，主要表现为学习时间和空间、学习内容的开放。学习时间，从课内向课外开放；学习空间，由学校向自然、社会拓展；学习内容，向书本外开放，既可以就教材中指定内容来开展活动，也可以结合相应的实际情况，在活动中自主选择学习内容。开放性还体现在学习方式及评价方式的开放上。学习方式可以自主选择，可以是观察、调查、访问、参观，也可以是讨论、辩论、演讲等。评价方式应多样化，可以做观察记录，也可以办手抄报，还可以运用相应的量表等，评价主体可以是老师，也可以是学生，还可以是家长或社会专业人员。学生既可以自我评价，也可以相互评价。

三、小学语文综合性学习资源的开发与利用

语文教师应高度重视课程资源的开发和利用，创造性地开展各类活动，增强学生在各种场合学语文、用语文的意识，多方面提高学生的语文能力。那么，如何利用与开发语文课程资源，创造性地开展小学语文综合性学习呢？

（一）活用文本资源，开展小学语文综合性学习

文本是学生语文学习的重要资源。利用好文本资源，是开展小学语文综合性学习的一条重要途径。

1. 抓住单元导语，开展小学语文综合性学习

教材中的单元导语都是围绕一个主题的，通过延伸拓展，其主题往往可以帮助教师找到小学语文综合性学习更广阔的空间。

2. 根据课文特点，开展小学语文综合性学习

进行小学语文语文综合性学习，能使语文学习变得趣味十足、有声有色，使语文学习在学生眼里变得富有魅力，能较好地调动学生的学习兴趣。小学语文综合性学习要求教师既要依据教材，又要超越教材，将课堂延伸到社会，将课内知识迁移到课外，真正培养学生综合运用语文的能力。

3. 挖掘教材信息，开展小学语文综合性学习

语文教材集中体现了编者的意图，是语文教学的重要材料。新教材的每个栏目，如"课外书屋""趣味语文""阅读链接""资料袋""展示台""宽带网"等，都为小学语文综合性学习创造了条件和机会。

（二）把握课堂资源，开展小学语文综合性学习

在教学中，语文课堂也蕴藏了丰富的语文综合性学习资源。

1. 课堂拓展

语文课堂教学内容丰富多彩，富有启迪性，可以激发学生对生活的浓厚兴趣。教师可以结合教学，机智生成、开展综合性学习活动，促进学生语文知识、能力的运用和提高。

2. 课堂升华

兴趣会使人的憧憬升华到至善之境。学生学习兴趣高涨，往往会远远超出教师的预设。

（三）整合学科资源，开展小学语文综合性学习

1. 学科内的整合

课文无非是例子，但这些例子之间却有着千丝万缕的联系。高效的语文教学呼唤整组甚至整册备课，呼唤融会贯通，呼唤整合教学，呼唤小学语文综合性学习。

2. 学科间融合

小学语文综合性学习提倡跨领域学习，与其他课程相配合。语文学科不再是其他学科的工具性学科，而是能复合其他学科的综合性学科，学生语文知识的获得、学习能力的提高、语文素养的养成，不仅通过语文课本，还通过与其他学科的结合，以及与学生生活体验、社会生活的联系。因此，教师要有意识地突破学科界限，加强与各学科的联系，打破传统语文教学的学科壁垒，与音乐、美术、思想品德等其他学科相融，汲取多方面的营养，综合性地学语文、用语文，全面提高语文素养。

（四）挖掘社区资源，开展小学语文综合性学习

1. 优化校本资源，开展小学语文综合性学习

小学语文综合性学习的内容也极具个性化，不同地区可以开展不同的研究，使学习活动具有浓郁的乡土气息和地方色彩。

2. 利用家庭资源，开展小学语文综合性学习

家庭是社会的一部分，家庭生活充满温情和乐趣，是学生最熟悉的生活，是一种非常宝贵的课程资源。另外，家庭环境较之学校环境更为轻松，小学生好游戏、好模仿，又喜欢野外生活，喜欢合群。在节假日，他们与家人一起去郊游，或者到亲朋好友家去做客，看着、学着、模仿着。活的语言总是存在于认识和交往之中。学会听，听准别人的讲话中心；学会说，说清自己想表达的观点。在交往中学生了解了风俗民情，学到了人与人之间的平等、互助，更有了平时在学校里所没有的经历，从家长那里学到在课堂学不到的东西。小学语文综合性学习是充分利用家庭来开展活动的，而且在活动过程中，父母与孩子的关系也更加亲密。

3. 参与社会生活，丰富小学语文综合性学习

现代社会瞬息万变，社会新闻层出不穷。纷繁复杂的社会不可能让学生时时处处去了解，但人毕竟是社会的人，人必须接触社会、融入社会。因此，教师要引导学生观察社会生活，了解社会时事，思考某些社会问题，让语文教学走向社会，向社会开放。小学语文综合性学习活动便很好地顺应了这个要求。教师根据大家共同关注的问题组织调查、讨论、交流，这是小学语文综合性学习的另一种形式。例如，针对环保问题日益突出的事实，教师可以引导学生开展"保护家乡水资源"活动。首先，学习新闻内容：水污染是怎么回事？水污染是怎样造成的？水污染有什么不利影响？（观看、阅读、讨论）其次，开展调查研究活动：观察家乡的河流中有没有漂浮的杂物？河边有没有工厂？河岸上有没有垃圾？水的颜色怎样？（小组合作、调查访问）再次，组织口头交流（口头表达）。最后，写成研究报告，并发出保护家乡水资源的倡议（写作）。在活动过程中，学生细心观察，用心思考，积累资料，参与讨论。活动的过程是学生了解社会、参与社会生活的过程，是增长知识、深化认识的过程，是学习语文、运用语文的过程。

（五）利用网络资源，开展小学语文综合性学习

信息时代，杜绝学生与电脑接触显然是不可能的，就像大禹治水一样，

"堵不如疏"。与其让学生上网玩游戏，不如引导他们在网上开展语文综合性学习。低年级学生比较小，可以让教师及家长指导帮助，进行管理运作。高年级学生，已经有了一定的电脑基础，可以由学生自行管理运作，教师只是提建议而已。创建丰富多彩的班级主页栏目，包括诗歌随笔、家庭教育、名人成长故事、科技博览等。学生在这一活动中的收获不仅仅是上网的兴趣，更多的是语文综合性学习的乐趣。

一直以来，小学语文综合性学习努力通过多种渠道促进学生语文知识的综合运用和语文素养的协调发展。

第三节　小学语文综合性学习的基本理念及设计原则

一、小学语文综合性学习的基本理念

（一）突出学生自主性

小学语文的综合性学习，事先可由教师指导学生确定好主题，内容及形式主要由学生自行来设计和组织，由学生自己选择、确定好组长，然后由组长根据学生的个体差异、特点等进行分工，根据分工开展好相关活动。整个活动的过程要充分体现学生的自主性和提高全员的参与度，要真正做到"人人有事做，事事有人做"。

（二）强调学生合作

小学语文综合性学习虽然有活动的分工，但更应该重视学生间的相互配合。要特别强调学生的合作，因为活动不是某个学生个体的行为，而是团队的合作。尤其是学生在学习活动中遇到困难和问题的时候，就需要团队的力量，发挥大家的才智。

（三）提倡课程整合

小学综合性学习，不仅仅是语文学科的单一形式的呈现，更多地表现为多渠道、多学科的课程整合。在学习活动中，既会有通过听、说、读、写表现的文字的渗透学习，也会有相应的数学、美术、体育、科学、社会、安全等学习，更会将学生德育及良好的意志品质、探究能力的培养自然地融入。应该说，小学语文综合性学习是新课程改革过程中多课程整合的体现。

（四）重视能力培养

在小学语文综合性学习过程中，教师要特别关注学生策划、组织、协调和实施能力的培养。在活动开始前，教师要关注学生的选题是否恰当，活动过程的策划是否具有创新性；在活动中，要关注学生对活动的组织是否恰当，能否做到协调配合，能否做到有效实施学习活动的开展；在活动结束后，要引导学生及时总结、反思、提炼，促进学生语文能力的全面提升。

二、小学语文综合性学习的设计原则

（一）发展性原则

语文学科的目的在于提高学生语文的能力和素养，具体表现为听、说、读、写的能力，这四个方面的能力将贯串学生语文学习的始终。而综合性学习则是培养学生四方面能力、发展学生语文素养最重要的渠道。在进行小学语文综合性学习设计时，教师要把发展性作为设计的基本原则予以体现。

（二）针对性原则

由于学生所在地域的不同、学生家庭环境的不同、学生年龄特点的不同，教师在进行语文综合性学习设计时，要做到有针对性。比如：针对城市小学生，教师可以设计相应的以"农村"为主题的活动让学生参与；对于农村学生，教师则可以让学生云探究一些以"城市"为主题的内容。这样可以促进不同生活环境下的学生相互了解，增强学生的适应能力。针对学生学段的不同，教师在组织学生开展语文综合性学习的过程中，也应该对听、说、读、写四方面能力的培养有所侧重。在低学段，教师更多关注的是对学生听、说能力的培养；在中学段，教师则逐步重视读、写能力的渗透；到高学段，教师就要做到四方面能力的有机结合。

（三）探究性原则

以学生为主体的语文综合性学习，不同于严谨的教育科研，不需要过多强调知识的系统性，也不特别强调结果的科学性，而更重在学生的体验和感受。其重要意义在于让学生亲身经历。在实践过程中，教师要让学生自己带着问题与困惑，去发现以前没见过的，体会以前从来没有感受过的，探究自己心中的疑惑和问题。

（四）实效性原则

小学语文综合性学习的设计，从主题的选择开始，就应该特别注意结合学生的学习、生活实际，只有学习熟悉的、身边的，才能让学生感兴趣，才会使得整个学习富有实效。教师在学习过程中的每一个环节，都应该避免形式主义。小学语文综合性学习强调该环节的设计要符合学生特点，适合在学习过程中使用，达到最佳的活动效果。在评价反思、总结时，教师也要讲究方式、方法，使评价成为激励学生乐于表达、勤于探究的重要途径和载体。总之，教师要在语文综合性学习活动的整个过程中，努力做好每个环节，并使其都具有实效。

第四节　小学语文综合性学习的基本环节及评析

一、小学语文综合性学习的基本环节

一个完整的小学语文综合性学习，应包含以下六个基本环节。

（一）确定主题

正确选题，是小学语文综合性学习取得成功的基础。在教学活动中，教师要注意结合学生的年龄特点、认识能力、兴趣爱好等实际情况，引导学生从广泛的生活空间中确定好小学语文综合性学习的主题。

（二）明确任务

教师要通过讨论做好布置；要使学生清楚本次语文综合性学习的内容是什么，有哪些具体的方式；要让学生知道要做些什么，该怎么做。

（三）做好分工

教师要在征求学生意见的基础上，指导学生根据年龄、性别、居住地等情况，自由组合，成立相应的学习活动小组，选择好组长，落实好组员，同时指导学生做好相应的活动分工，让小组成员人人明白自己该如何准备、该做什么、该怎么做。

（四）组织活动

在学生准备工作完成后，教师要指导好学生的具体活动。在活动的过程中，教师要在保障学生安全的前提下，为学生提供相应的支持，要随时了解活动开展的情况，及时表扬好的做法，做到时时点拨、处处关心，帮助学生解决活动中遇到的问题，使学生在活动的过程中做到人人参与其中，确保活动取得实效。

（五）成果展示

教师要为多种形式学习搭建平台，让学生充分展示、交流学习成果，如采访的照片、录音等，可以通过小报、交流会、小品、故事会等多种方式来展示学习的成果。

（六）总结反思

在学生进行成果展示之后，教师要进行相应的总结：对在学习活动中学生好的思路、做法，以及形成的有价值的成果进行表彰、鼓励；对在活动中表现突出的学生小组、个体要给予相应的表彰、奖励；对于活动中存在的问题，要引导学生进行总结反思。

二、小学语文综合性学习设计的评析

（一）实施"以生为本"评析

对学生语文综合性学习的评析，一定要体现"以生为本"的原则。教师要围绕学生的参与度及语文综合性学习的积极性、主动性、创造性来展开评析，既要关注全体学生的广泛参与，又要体现学生之间的个体差异。评析应着重考查学生的探究精神和创新意识，尤其要尊重和保护学生学习的自主性和积极性，鼓励学生运用多种方法、采用不同角度，进行多样化的探究。这种探究，既有学生个体的独立钻研，也有学生群体的讨论切磋。

（二）体现多元化评析

在小学语文综合性学习的教学设计评析中，教师要注意实施多元化的评析方式，既可以采用表格式，又可以采用问卷方式，既可以采取教师评析，也可以采取学生自评或生生互评，还可以邀请家长、相应的专家参与评析。教师要从多个角度对学生语文综合性学习实施全面、客观的评析，以便发现问题，总结经验。

（三）过程和结果并重

小学语文综合性评析重视学习活动的过程。从活动的主题、任务的明确、小组的分工合作到整个活动的过程，教师都要进行全过程的追踪和及时的记录、评析。在评析时，教师要充分注意学生在解决问题的过程中所运用的思路和方法。对不同于常规的思路和方法，教师要给予足够的重视和恰当的评价。在进行学习成果展示时，教师要注意引导学生采取多种形式呈现活动的成果，通过对成果展示的激励性评价和总结，引导学生不断完善和改进语文综合性学习的方式、方法，从而提高学生的语文综合能力。

下　篇

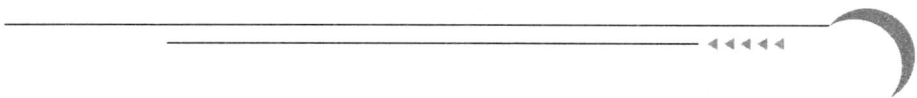

第四章　中学语文教学方法

第一节　中学语文教学方法概说

一、中等语文教学方法的内涵

（一）对"教学方法"的不同理解

"教学方法"一词，人们常常赋予它不同层次的含义。有时是广义的，有时是狭义的。广义的教学方法是指在一定的教学思想的指导下，为实现教学目的、完成教学任务所采用的一切手段、技术、途径、程序和组织形式的总和，如人们常常说的"启发式教学法""茶馆式教学法"等。狭义的教学法是指师生在教学活动中为实现教学目的而运用的具体的行为方式，如"提问法""朗读法'等。它带有明显的具体性和可操作性，是"总和"中的"个别"部分。

教学过程中所运用的教学方法，包括教师的"教法"和学生的"学法"，但这不是二者的简单相加，也不能把二者截然分开。教师的教法必须通过学生的学法才能体现出它的作用，而学生的学法是在教师的指导或影响下的学法，即使是学生的自学也不同于校外其他人的自学，学生是在老师直接或间接影响下开展自学的，使用的学法也受教法的影响。因此，教法与学法是辩证统一的。

中学语文教学方法是指为了达到语文教学目的、完成教学任务，在以教师为主导、以学生为主体的听、说、读、写活动中所采用的方式和手段，体现为教法与学法的统一。

（二）自主、合作、探究的学习方式

1. 自主学习

自主学习是同被动学习、机械学习、他主学习相对而言的，自主学习具有以下特征：学生参与确定对自己有意义的学习目标的提出，自己制定学习进度，参与设计评价指标；学生积极发展各种思考策略和学习策略，在解决问题中学习；学生在学习过程中有情感的投入，有内在动力的支持，能从学习获得积极的情感体验；学生在学习过程中对认知活动能够进行自我监控，并做出相应的调整适应。

2. 合作学习

合作学习是同个体学习相对而言的，是为了完成共同的任务，学生在小组或团队中有明确责任分工的互助性学习。合作学习具有以下特征：积极的相互支持与配合，特别是面对面的促进性的互动；积极承担在完成共同任务过程中的个人责任；期望能与所有同学进行有效的沟通，建立并维护小组成员之间的相互信任，有效地解决组内冲突；对于各人完成的任务进行小组加工；对共同活动的成效进行评估，寻求提高其有效性的途径。

3. 探究学习

探究学习是指从学科领域或现实生活中选择和确定主题，在教学中创设类似学术（或学科）研究的情境，让学生自主独立地发现问题、实验、操作、调查、收集与处理信息、表达与交流等，特别是培养学生的探索精神和创新能力。

倡导自主、合作、探究的学习方法，是 21 世纪对人才素质的要求，是为了关注和尊重学生，符合学生需求的要求，有利于提高学生学习的质量和效率。

二、中学语文教学方法的特点

（一）依存性

任何教学方法都依存于学科性质、教学目的、课程内容和学生的生理与

心理特征，换句话说，教学方法是随着教学目的、学科性质、课程内容和学生的生理与心理特征的变化而变化的。

中学语文教学方法首先取决于学科的性质、教学目的。因为性质、目的决定任务、内容，中学语文学科的基本属性是工具性，根本目的是培养学生的言语能力，所以中学语文教学方法中的言语因素多于其他学科。而且学习言语的方法与学习其他技能的方法也有明显的不同，实践性、操作性特别明显。

中学语文教学方法也依存于教学内容。就语文学科本身而言，中学语文的教学内容主要是语言和言语，语言教学可以由教师来讲述，而言语教学则以训练为主。不同文体的课文，教学方法也不尽相同，记叙文的教学重在思索理解，诗歌教学则重在吟咏朗诵。与中学其他学科相比，中学语文学科的教学方法也不同于数学、物理等学科，理科的思维以逻辑思维为主，而文科则以形象思维为主。

中学语文教学方法的使用还取决于学生的心理特征，高年级与低年级的学生相比，鉴赏性的阅读要多些，作业趋向复杂化，学生活动的独立性更强。

（二）多样性和统一性

中学语文教学方法到底有多少种，这是无法统计的，因为人们的认识是不断发展的，是无止境的，随着人们认识的不断深入，认识领域的不断扩大，人们驾驭客观规律的能力越来越强，方法也越来越多。而且，制约教学方法的因素多种多样，同一种提问法，因教师的能力水平不同、学生的知识水平不同、课程的内容不同、提问的角度不同，随时都可能发生变化，单是读，就有精读、略读、朗读、诵读、默读、跳读、浏览等。从来就没有任何一种单一的、重复运用的方法能与千变万化的教学过程相适应，这就构成了中学语文教学方法的多样性。

中学语文教学方法又具有统一性。这是因为，所有的教学方法所追求的目标是一致的，都可以调动学生的学习积极性和促进学生提高学习效果。它们在性质上也是一致的，都是为学生的"学"服务的。多样性要围绕统一性存在。教师在设计教学方法时一定要有这种指导思想。

（三）可补偿性

在实际教学中，并非面对同一篇课文，就必须使用同一种教学方法，同样的目的、同样的内容，甲教师用一种方法，乙教师用另一种方法，二者都可能收到理想的效果。在中学语文阅读教学中，不可能自始至终使用读的方法，必须补充问的方法、讨论的方法、写的方法，才能收到好的效果，这也是显而易见的。这种现象说明一个道理：一种教学方法可用另一种教学方法代替、补充、完善，使其提高效率，这就是教学方法的可补偿性。任何教学方法都具有可补偿性。

第二节　中学语文基本教法

一、讲述法

讲述法是由教师把确定的内容用言语形式传授给学生的方法。这种方法使用的主要形式是言语，教学效果与教师的言语有极大的关系，也与学生的听力水平有一定的关系。教师不但要注意自身言语表达能力的优化，也要注意培养学生的听力水平。

（一）讲述法的优势

（1）能比较全面、准确、系统地传授新知识。

（2）精要的讲授既能突出重点和难点，又能节省时间，保证教学计划的顺利实施。

（3）能较充分地显示教师在语言运用、知识理解、读书方法等方面的示范作用。

（4）有利于学生记笔记，帮助学生提高文字的组织和表达能力。

（5）能面对全班大多数学生，较大程度地适应班集体。

（二）讲述法的运用场合

（1）需要指出学习目的、范围、要点，提出教学要求。

（2）介绍作家和作品的时代背景知识，或者是补充必要的相关知识。

（3）叙述含有浓厚感情的内容不宜中断。

（4）讲解重点、难点。

（三）讲述法的运用要点

（1）教师讲述的内容要精当、充实，中心要突出，难易要适中，使绝大多数学生能适应教师的讲述。一个单位时间内的讲述内容只能有一个中心内容，话题不能太分散，教师不要过于旁征博引，使学生不得要领。

（2）讲述要深入浅出，形象生动、前后连贯。在讲述时，每次讲述要有条理，同时还要注意这一次讲述与前一次讲述的有机联系。教师要设计好过渡语，使学生对知识有系统的了解。

（3）教师言语要规范，感情要充沛。语文课的目的主要是学言语、学交际。学生学习规范言语的途径：一是课本，二是教师的言语。所以，教师的言语首先要规范。教师要做到用词准确、简练，语调、语气能与内容一致，富有节奏。教师的言语要有感情，要适当地辅以势态语，增加言语的吸引力，真正做到动情授业、激思解惑。但教师的言语又不能太夸张，讲述毕竟不是表演，太夸张会分散学生的注意力。

（4）一次讲述的时间不宜过长。过长时间的讲授会置学生于被动地位，使学生产生厌倦情绪，这样反而降低了讲述效果。对中学生来说，一次讲授的时间一般不超过10分钟，在一节课的时间内，教师一定要注意与其他方法相结合。

二、问答法

问答法又称提问法，是教师有计划、有目的的提出问题，以引起学生定向的、积极的思考，解决问题，达到预期目的的常用教学方法。学生也可以在教师的组织指导下，就学习内容提出问题，互相答疑，从而达到学习目的。

在当今教学的整体结构中，学生已不是被动的客体，而是在教师主导作用引领下的教学活动的主体。教师的研究中心已不再只是教材，而必须包括学生，这就要求教师不仅要研究"教法"，还要研究"学法"。因此，沟通二者的课堂提问便成了教师普遍研究的课题。

（一）问答法的优势

1. 培养学生的习惯

培养学生勤于思考、勤于分析问题的习惯，提高学生的思维能力和解决问题的能力。

2. 唤起学生的有意注意

将学生思维的目标迅速指向重点、难点、疑点，提高学生的理解速度，提高教学效率。

3. 学生发表自己的见解

学生有机会发表自己的见解，能培养学生学习的积极性和主动学习的精神。

4. 学生答问

学生不但要思考，而且要快速组织言语表达，有利于学生说话能力的培养。

5. 提出问题、回答问题

开辟了师生双方的信息流通渠道，教师能及时掌握学生的学习情况，从而能根据具体情况，及时调整教学进度和教学方法，使教与学的双方活动更加和谐。

（二）提问设计的类型

传统的教学注重课堂提问，但提问的目的只是把教材问题化，即教师设计一连串的问题，一问一答，在形式上很热烈，而实际上却不能触动学生的思维和情感。因此，课堂提问必须精心设计，触动"神经"。所谓触动"神经"，既要触动课文的"神经"，牵动文章核心的重要问题，又要触动学生的"神经"，把他们引领到探求问题的忘我境界中，以达到开发学生智力、培养学生能力的目的。具体来说，提问设计有以下几种。

1. 比较提问

比较提问指就课文的内容或形式的某一方面与同类课文进行比较，提出问题，让学生获得规律性的知识，或使学生对某一内容的记忆更深刻。

2. 抓疑点提问

抓疑点提问指在从文字表达上看似有疑的地方或容易引起学生误解的地方抓住契机，设置矛盾，激活思维。学生对每篇课文的学习，不是一开始就有兴趣的，教师应当深入钻研教材，抓住突破口，有意地给学生设置问题的"障碍"，形成学生心理上的一种"冲突"。当学生急于解开这些"冲突"（问题）时，就意味着他们进行了思维训练。

3. 逐层深入提问

逐层深入提问指就课文的内容或形式理解，分层次设计一组比较系统的问题，由浅入深、化难为易、化大为小，引导学生有步骤、有逻辑顺序地进行思考，让学生的理解从对文章字面意义的理解上升到对内涵的领悟。在实际操作中，教师可以根据教材特点、学生的实际水平，把较难的问题分解成易理解、更有趣的小问题。

4. 从反面提问

从反面提问指就一个问题，变换角度，从反面设问，以培养学生的多向思维能力。

（三）问答法运用要点

1. 对教师的要求

（1）提出的问题应该有意义、有价值。这能真正激发学生的思维积极性，起到启发学生理解课文的作用。有些老师的提问过于简单，没有思考价值，喜欢问"是不是""好不好""对不对"等，这样的提问毫无价值，学生的思维得不到训练。

（2）提问要有中心，要突出重点，不要处处设问。教师应从实际出发，根据教学的知识内容与思想内容，把握教材的重点、难点来精心设问、发问；另外，教师还应从学生的实际出发，根据学生的知识水平与心理特点，找出能诱发他们思维的兴趣点来问，使提问真正问到学生的心"窍"上。

（3）问题应指向明确、内容具体、难易适中。提出的问题空泛、难度大，会让学生摸不着头脑。比如，教师一开篇就问学生"课文写的是什么""写作特色是什么"，这对学生只能启而不发，因为学生对课文内容还没有感性、全面的认识，又怎么会回答得出呢？

（4）提问要有新意，变"直问"为"曲问"，激发学生的思考兴趣。如果篇篇文章都是雷同的提问，如"文章分几段""各段大意是什么""文章中心是什么"，长此以往，学生会生出厌烦情绪。如果只是一味地直来直去，启发性就不强，久而久之，学生就会对这样的提问感到索然无味，并在一定程度上妨碍了思维的发展。假如教师以"曲问""活问"的方式提出问题，能使学生开动脑筋，激起学生思维的"浪花"，有时甚至产生"投石击破水底天"的教学效果。

（5）提问要面向全班学生，先提出问题，再指名回答，不要先提名后提问。提问要让学生有思考的时间。教师提问对象过于集中，只顾成绩优异的学生，忽略成绩不理想的学生，很容易挫伤成绩不理想学生学习的积极性。有些教师发问后，急于求成，还没有给学生足够的思考时间，就立刻指名作答，这样只会压抑学生的思维训练。这些做法都是不科学的，不仅收不到预期的教学效果，还会扼杀学生学习积极性，更不用说锻炼思维能力了。

（6）准确、中肯地评价学生的答题结果，评价应以鼓励为主。即使学生回答问题只有百分之一的准确率，教师也应予以鼓励。当学生不能正确回答时，教师要根据具体情况予以耐心指导，如课堂时间不允许，应该设法进行课外辅导。千万不能指责和辱骂。

（7）鼓励学生质疑问难。对学生提出的一时难以回答的问题，教师应采取坦诚的态度，待自己查证后再解答，不能误导学生。

2. 对学生的要求

（1）教师要尽可能地要求学生先举手。老师指名后再答题，或全班齐声回答的效果并不能解决问题，也不利于学生思考能力的发展。

（2）答题要有针对性。学生要做到有理有据，且观点与材料相统一。

（3）教师要培养学生"善问"的能力。"学问"就是要"学"还要"问"。教师要鼓励学生提出问题，并就"提问"提出具体要求；要鼓励学生互相答疑，营造互帮互学的良好学风。

总之，课堂上适时适度且富于艺术技巧的提问，能加快把知识转化为语文素质能力训练的进程，是发展学生思维、保证和提高教学质量的有效途径。为此，语文教师应精心设计好各种类型的课堂提问，形成有自己特色、适合学生口味的提问艺术风格，以达到最佳的教学效果。

（四）问答法与启发式的区别

有些人对问答法与启发式教学有误解，认为问答法就是启发式，所以他们在课堂上处处设问，问题细碎不堪，将"满堂讲"变成"满堂问"，以为这样就是启发式教学。其实，启发式教学与问答法是有区别的：第一，启发式教学是教学指导思想，而问答法是一种具体的操作方法，二者不是同一层次上的概念；第二，启发式作为一种教学的原则，具有普遍的指导意义，它既适用于提问法，也可以体现在其他方法中；第三，作为一种具体的操作方法，启发式原则只有在使用得当时才能够体现，不好的提问不但不能体现启发式原则，反而会影响学生的思考，不能调动学生的积极性。

三、现代教育技术

20世纪90年代，随着网络、多媒体计算机技术的发展，教学中逐渐引入了多媒体技术、现代信息技术，并逐步形成现代教育技术。现代教育技术是以计算机为主体的信息技术在教育、教学领域中的运用，它引起了教学内容、教学手段、教学方法和教学模式的改革，最终引起教育思想和教育观念、教与学的理论的改革，而把现代教育技术仅仅当作一种教学手段或教学方法的看法都是肤浅的、短视的。

随着科学技术的发展，特别是信息传播技术的迅猛发展，教学媒体越来越多，现代教育技术在教学领域所占的比重越来越大。目前，随着教学信息的数字化、教学媒体的多样化、教材编写的软件化、教学过程的智能化、教育传播的网络化，教育的变革日新月异。语文教师要加强这一方面的能力素养，以适应教育科学日益发展的新形势。

计算机辅助教学作为一种学习新环境，如果运用适当，可以解决两个重要的教学问题：一是能促进有效学习，二是能照顾个别差异。当今，以电脑、多媒体、网络为标志的新的信息技术作为教学、学习的辅助手段，为实施大规模的、个别化的语文教学创造了物质条件，使每个人的潜能得到了充分开发。凭借信息技术，尤其是教育软件、校园网，教学打破了时间、空间的限制，可以随时随地给学生提供所有有价值的汉语言文学知识，而且可以使每一个学生都参与新知识的创造，与所有上网的人共享，从而丰富汉语言知识。新教学环境下的教与学，使得语文教学内容自然生活化、时空立体化，这有助于培养学生开放性思维、超前性思维、系统性思维、创造性思维。

（一）使用多媒体辅助教学的优势

1. 能超越时间和空间的限制

教学媒体将内容全面地显示在学生面前，而且教师可以根据教学的需要予以调节，可快、可慢，可定格、可重复。

2. 反映的教学内容直观、形象

现代教学媒体具有高度的再现性，能充分展示中学语文课文中所涉及的自然景象、人物形象、历史事件，为学生观察、了解事物或事件提供直观、生动、形象的画面，这就使静止状态的学习材料化成学生乐于接受的、栩栩如生的、运动状态的图景，使抽象的概念变成了学生更容易理解的具体形态，这种声情并茂的学习方式，能激发学生的学习兴趣，调动学生的学习积极性。

3. 扩大学生的视野、拓宽学生的知识面

多媒体，特别是网络远程教育进入教育领域，给教育带来了翻天覆地的变化，学生通过计算机可以在网络中查到当地难以接触到的资料，可以听到名师名人的讲课或讲话，可以看到最新的科研信息，这对扩大学生的知识领域，拓宽学生的知识面非常有益。

（二）运用多媒体技术辅助教学的基本环节

1. 根据教学需要，确定上课的内容

运用多媒体技术辅助教学一般有三条准则。第一，教学内容应是涉及课文重点、难点的内容，为一些细节方面的知识而花费大量时间是得不偿失的。如果是为了扩大学生的知识面而放一些影视片，教师可考虑将此活动安排在课外活动时间。第二，教师应该选择那些传统教学手段难以完成任务的内容，或者是虽然传统方法可以达到目的，但效果不明显或费时较多的内容。第三，运用直观教学、显示直观形象确实优于言语教学的内容。

2. 选择和熟悉教学媒体

教师首先要根据教学需要选择教学媒体。例如，要提高朗读水平，可选择放音设备；要观看视频，多媒体教室中的投影仪是效果非常理想的设备。一旦确定了要使用的设备，教师就要提前熟悉其性能，最好能掌握其操作方法。使用教学软件，尤其要注意课前先观看，了解它所包含的内容和表达方式、特点、顺序。

3. 做好课前的一切准备工作

即使使用多媒体辅助教学也要备课。教师不但要按常规深入钻研教材、设计教学方法，还要注意设计好实施过程中的解说词。同时，教师要做教学前的相关准备工作，如电源、线路、座位安排等，以确保教学的顺利安全。

（三）电化教学法运用要点

（1）教师要正确处理多媒体教学与能力训练的关系，既要引导学生在钻研教材、掌握基本知识、训练基本能力方面下功夫，又要调动学生多方面的兴趣，扩大学生的知识面。

（2）教师要精心考虑教学的时间、步骤。哪些课文可以先细读、再看录像资料或听录音，哪些课文适宜先看影像再研读课文，这其中都有讲究。教师如果不注意，就会影响教学效果。

第三节　中学语文基本学法

一、朗读法

严格地说，朗读是一种阅读方式，它是阅读最基本的方式，是眼、口、耳、脑并用的创造性阅读活动。朗，即声音清晰、响亮；朗读，就是用清晰、响亮的声音，将课文的文字转变为有声的语言。它要求学生在掌握语音、词汇、语法规则的基础上更丰富、更完美地表情达意。这是历史悠久的一种传统教学方法，古人对它的研究颇多。

（一）朗读法的优势

（1）朗读可以提高学生对课文的理解能力和鉴别能力。朗读课文，可以使学生理解课文的内容，更主要的是可以有效地培养学生对语言词汇细致入微的体味能力，使学生感受课文的气势和韵味，进而体味作者的感情，使学生对内容的理解深切、透彻、全面。只有这样，鉴别作品才有了基础。

（2）朗读有利于培养学生的口头表达能力。朗读是口头表达能力的基本训练途径之一。对培养学生用规范语言表达起着至关重要的作用，教师要想使学生成为口语表述与交际的高手，就不能漠视朗读训练。

（3）出色的朗读能增强作品的感染力，使听者如临其境、如见其人，又能使朗读者陶冶性情、开阔胸怀。

（二）朗读指导

朗读，虽然是以学生为主的学习方法，但需要教师的指导。指导有以下几个方面。

1.对学生的基本要求

（1）必须使用普通话。

（2）要咬准字音，读字清晰，句读分明，语气得当。

（3）读文正确流利，不添字、不漏字、不读错字、不重复、不颠倒。

（4）有感情，能通过声音的变化和节奏的转变来再现作者的感情。

2. 朗读技能的指导

朗读时，学生要深刻透彻地把握作品的内容，准确地表达作品的含义。要再现作品的情景，准确传达作者的思想感情，就要合理地运用各种朗读手段。常用的基本朗读手段有停顿、重音、速度、语调、语气变化等。

（1）重音。

重音是指朗诵、说话时句子里某些词语念得比较重的现象，一般用增加声音的强度来体现。重音有语法重音、逻辑重音和心理重音三种。

①语法重音。在不表示什么特殊的思想和感情的情况下，根据语法结构的特点，而把句子的某些部分重读的，叫语法重音。如果一句话里成分较多，重读也就不止一处，往往优先重读定语、状语、补语等连带成分。例如，"孔乙己是站着喝酒而穿长衫的唯一的人"。值得注意的是，语法重音的强度并不十分强，只是同语句的其他部分相比较，读得比较重一些罢了。

②逻辑重音。逻辑重音指的是为了表示某种特殊的感情和强调某种特殊意义而故意说得重一些的音，目的是引起听者注意自己所要强调的某个部分。在语句的什么地方该用逻辑重音并没有固定的规律，逻辑重音受说话的环境、内容和感情所支配。在朗读时，朗读者首先要认真钻研作品，正确理解作者意图，才能较快较准地找到逻辑重音之所在。

逻辑重音与语法重音的区别。第一，从音量上看，语法重音给人的感觉只是一般的轻重有所区别，而逻辑重音则给人鲜明突出的印象，逻辑重音的音量大于语法重音的音量。第二，从出现的位置看，逻辑重音可能与语法重音重叠，这时语法重音服从于逻辑重音，只要把音量再加强一些就行了。有时，两种重音出现在不同的位置上，此时逻辑重音的音量要盖过语法重音的音量。第三，从确定重音的难易上看，语法重音较容易找到，在一句话的范围内，根据语法结构的特点就可以确定，而逻辑重音的确定却与朗读者对作品的钻研程度、理解程度紧密相连。

③心理重音。心理重音是指句子中感情最浓、对心理最有影响的词语所

做的重读处理，以激发听者的感情。

有时，语法重音、逻辑重音、心理重音三者集中在一个词语上，这也是常有的现象。需要说明的是，有时重音处理可以用在重读词前面加停顿处理，采用重读词读轻声的方法。

（2）停顿。

停顿指语句或词语之间声音上的间歇。停顿的目的是满足朗读者在朗读时生理上的需要；满足句子结构的需要；充分表达思想感情的需要；给听者一个领略和思考、理解和接受的余地，帮助听者理解文章含义，加深印象。停顿包括语法停顿、逻辑停顿和心理停顿三种。

①语法停顿。其用来反映一句话里面的语法关系，在书面语言里表现为标点。一般来说，语法停顿的时间和标点大致相关。例如：句号、问号、叹号后的停顿比分号、冒号长；分号、冒号后的停顿比逗号长；逗号后的停顿比顿号长；段落之间的停顿则长于句子之间停顿的时间。有一些符号停顿的时间要根据句义来处理，如破折号、省略号。

②逻辑停顿。为了准确表达作品的原意，或者突出某个语意或某种感情，而且在书面上没有标点、在生理上可不做停顿的地方做了停顿，或者在书面上有标点的地方做了较大的停顿，这样的停顿称为逻辑停顿。逻辑停顿主要是靠仔细揣摩作品，仔细体会其内在深刻含义来安排的。

③心理停顿。心理停顿有以下三种情况。

第一，文章的各个部分所表达的情绪不同、感情不同，为了更清楚地表达出这种变化，或者使听众有一个心理调整，尽管文中有明显的自然段标志，但也需要对这个过渡段做较长的停顿处理。

第二，语句中某些词语所表达的感情特别强烈，或内涵特别丰富，在这个词语前面运用停顿以增强效果，制造气氛，或引起听者深思，这也是心理停顿。这种停顿常常与重音相配合，即在重读词语前停顿。

第三，因教学需要，为了引起学生的特别注意，或者是朗读者为引起听众的注意而做的停顿。

（3）语速。

语速是指说话或朗诵时每个音节的长短及音节之间连接的紧松。说话的速度是由说话人的感情决定的，朗诵的速度则与文章的思想内容相联系。一般说来，语速有以下三个规律。

①从表达方式上考虑处理：一般的叙述、说明用中速，议论则宜稍慢，诗歌速度慢于散文，旧体诗比新体诗稍慢。

②从人物描写上考虑处理：表示激动、兴奋、欢快或紧张、焦急、争辩、斥责、惊异应快些；表示失望、沉重、犹豫、追思、缅怀、悼念应慢些；一般的交代、陈述用中速；描写年轻人聪明机智或人的性格豪放、作风泼辣的句子应快些；描写老年人的沉稳或人的稳重、沉着、有条不紊应慢些。

③从场景描写上考虑处理：描写热烈、欢快、紧张、急剧变化的场面的内容速度快一些；描写平静、庄重、严肃的场面的内容速度慢一些。

（4）语调。

在汉语中，字有字调，句有句调。通常称字调为声调，指音节的高低升降。而句调则称为语调，指语句的高低升降。句调是贯串整个句干的，只是在句末音节上表现得特别明显。句调根据表示的语气和感情态度的不同，可分为四种：升调、降调、平调、曲调。

①升调：前低后高，语势上升。一般用来表示疑问、反问、惊异、欢呼、命令等语气。

②降调：前高后低，语势渐降。一般用于陈述句、感叹句、祈使句，表示肯定、坚决、赞美、祝福、沉重等感情。

③平调：语势平稳舒缓，没有明显的升降变化，用于不带特殊感情的陈述和说明，还可表示庄严、悲痛、冷淡等感情或氛围。

④曲调：全句语调弯曲，或先升后降，或先降后升，往往把句中需要突出的词语拖长着念，这种句调常用来表示讽刺、厌恶、反语、意在言外等语气。

除以上这些基本表达手段外，要使朗诵有声有色，还得借助一些特殊的表达手段，如笑语、颤音、泣诉、重音轻读等。

3. 指导学生做好朗读前的准备

朗读是朗读者的一种再创作活动。这种再创作，不是脱离朗读的材料去另行一套，也不是按字朗读的简单活动，而是要求朗读者用有声语言传达出原作的主要精神和艺术美感。朗读者不仅要让听众领会朗读的内容，而且要使其在感情上受到感染。为了达到这个目的，朗读者在朗读前就必须做好一系列的准备工作。

（1）正确、深入地理解、把握作品的内容。准确地把握作品内容，透彻地理解其内在含义，是作品朗读重要的前提和基础。

（2）深刻。细致地感受、体味作品，进入角色、进入情境。

（3）丰富、逼真地想象，再现作品描写的情景。使作品的内容在自己的心中、眼前活动起来，就好像亲眼看到、亲身经历一样。

（4）注意培养学生的朗诵能力。朗诵不同于朗读。朗读是用清晰、响亮的声音把文章读出来，以传达文章的思想内容。朗诵则是用清晰、响亮的声音把文章背出来，以传达文章的思想内容。可见，朗诵的要求比朗读要高，它要求不看作品，面对听众，除运用声音外，还要借助眼神、手势等体态语来帮助表达作品感情，引起听众共鸣。朗诵也不同于演戏。朗诵常常伴有手势、姿态等体态语，但朗诵时的姿态或手势不能过多。

（三）朗读方式的选择

朗读方式有范读、单人朗读、齐读、轮读、分角色朗读、吟诵等。要根据教学需要选择。例如：要让学生欣赏的内容可由教师范读或播放录音；为了检查学生是否预习课文或了解学生的理解程度，宜单读；如果是让学生体味文字的韵味，则可用吟诵的方式；如果是为了加强学生对课文的认识或理解，则可用小组轮读的方式。

二、默读法

默读和朗读是两种最基本的、最常用的阅读方式。二者的区别在于，朗读是有声的阅读，而默读是无声的阅读。它们的作用也有所区别，如果说朗读的作用在于体会并表达作者的思想感情和语言的韵律美、节奏美，那么默读则有助于深入揣摩、理解文章的思想内容。二者的作用各有侧重，因而不能互相代替。

（一）默读法的优势

1. 阅读速度快

仔细分析朗读和默读的活动过程就会发现，朗读的过程是"文字符号视觉（识别）—视觉神经（传递）—大脑（思考）—发音器官（发音）—听觉器官（辨别正误）—（反馈）大脑"；默读则省去发音器官的运作和听觉器官的监听，文字符号直接进入大脑，思考活动便直接指向文字所表示的内容，加上默读能够对常用句子整体接收，阅读速度大大加快。在现实生活中，人们在图书馆查阅资料，在公共场所看报纸、布告，在办公时看文件、信函等，都使用默读方式进行阅读，因为默读速度快，而且默读不会影响他人的学习、工作。

2. 默读有利于思考

有人把默读称为"心读"，是因为它不发声、不动唇，由眼睛直接把文字符号传递给大脑中枢，大脑中枢直接判断符号的意义，无须考虑其他因素。而且默读时，人们可以对自己感觉较难的句子进行重点思考，对自己已掌握的文字可以忽略，因此思考的指向集中、明确，思考的质量就能提高。

3. 默读有利于照顾学生的个别差异

默读是相对独立的个体行为，它可以根据各自的实际情况灵活控制阅读速度、阅读范围，浏览、跳读、通读、重复、精读，不必强求一律。

（二）默读技能的培养

1. 培养直映能力

直映能力既是一种能力，也是一种良好的阅读习惯，就是指默读时不能出现唇动（嘴唇发出动作，就会影响速度）、指动（手指随阅读而移动也会影响速度）、头部移动幅度过大（移动幅度大说明视觉覆盖面不宽）。教师在课堂教学时，可让学生默读课文，教师仔细观察学生默读行为，发现有上述现象，立即予以纠正，坚持这种做法，可培养学生的自控能力。

2. 指导学生掌握默读基本技能

（1）整体识记技能。

整体识记技能指对常用词语、固定短语、常见句式的整体认识而不必逐字辨析。

（2）线式阅读技能。

线式阅读技能指扩大视觉扫描范围，不像朗读那样做逐字逐句能力的点式阅读。眼光应尽量顾及整句或整行，甚至几行，常见句式抓主干，重点句子看主谓。

（3）速读能力。

在正确理解的前提下，速读能力的基本要素有两点：一是扫描范围宽；二是能够快速筛选主要信息，做到跳读。教师引导的方法和步骤是，先从培养学生提高默读质量开始，布置一定数量的文字阅读内容（如课文的部分章节），要求学生在默读后复述；待复述较为完整后，教师培养学生筛选信息的能力，即提出阅读后要回答的问题（主要信息所在），默读后要求立即回答；一段时间以后，加快速度，在单位时间里加大文字的阅读量。对初中生来说，可从初一阶段的每分钟 300 字到初三的每分钟 600 字，逐步递增。这种限时、限量的训练，需要一段时间的坚持才有成效。

（4）默读辅助手段的使用。

默读质量的提高，也需要辅助手段，如默读时在课文中的生字词、重点、疑点处和需要复读的地方做出标记，这样既能节省时间，又能加深理解。

（三）应注意的问题

1. 默读不仅是方法，而且是语文教学目的之一

培养学生的阅读能力，是学生终身学习的需要，语文教师要予以高度重视，不能放任自流。

2. 默读的使用场合非常多，但并非没有缺陷

教师也要根据教学需要与其他方法相配合。例如，就学生的年龄而言，

低年级的学生宜多朗读，高年级的学生宜多默读。就文体而言，诗歌、散文、戏剧宜以朗读为主，议论文、说明文宜多默读，而记叙文、小说则可根据具体内容去处理。

3.默读速度的培养，是默读能力的重点

默读速度正如阅读的深度，因人而异。所以，默读训练也要注意学生的个别差异，不能强求一律，只要学生以自己的默读速度为起点不断提高、取得进步就是成绩。

三、讨论法

讨论法是指在教师的组织和指导下，通过师生之间、学生之间的对话形式相互交流，从而达到教学目的一种方法。知识不能直接灌输，应由学生运用更强的认知能力自行建构。学习及发展是一个社会化及协作的活动，教师应鼓励学生协作式学习，教师的角色是学习的促进者，学习活动应取代教学活动；在教育策略上，教师应起积极的作用，提倡发现式学习法，让学生亲自发现事物如何发生，教师所要提供的是一个能激发思维的学习环境，使学生主动探索，积极反思，最终能自我发现事物的真相。讨论法在这方面有其突出的优点。

（一）讨论法的优势

（1）有利于促进学生灵活运用知识、分析问题、解决问题能力的形成。在讨论中，学生不仅要表达自己的观点和看法，同时还要听取别人不同的意见，只有找出事实和理由才能有效地说服别人，这种讨论发言，单靠课本知识是远远不够的，必须综合运用各种知识（包括语文学科的知识和其他学科的知识）才能适应讨论时的实际需要，促使学生回忆、组织、分析、归纳、表达等能力的协调发展。

（2）能有效地调动学生的学习积极性，使学生真正成为学习的主体。在讨论中，学生作为学习的主体，得到了最大的体现，他们有各自发挥才能、展示自我的机会。这无疑会激发学生的积极性。

（3）有利于树立民主平等、团结互助的良好学风。讨论法既不同于讲述法的单向信息交流，也不同于问答法的双向信息交流，它是参加讨论的全体成员间的多向信息交流。在交流中，师生发表自己的见解，对各种不同的意见、不同看法进行比较，相互之间取长补短，达到共同提高的目的。这种讨论更容易形成团结互助的优良风气。这正是要在青少年中大力倡导的传统美德。

（二）课堂讨论的组织

1. 确定论题

在讨论前，教师要认真考虑、确定讨论题目。论题的确定有四个因素。一是有利于教学目的的实现。如对课文主题的理解有不同看法，对作品重要情节、主要段落的理解有分歧等可组织讨论，对一些枝节问题或者只有少数学生有不同看法则不必利用课堂讨论的形式。二是适合学生的认识、理解水平。三是多数学生感兴趣。四是适合在课堂讨论的话题。如果问题过宽、过大，教师可在课外组织讨论。

2. 提出要求

在讨论开始时，教师要向学生提出论题，还要提出讨论要求，如要求学生发言的秩序、时间控制、内容条件等。如有条件，教师可提前布置准备，或让学生查找相关资料，准备发言纲要。

3. 控制引导

在讨论中，教师要充分发挥主导作用，要有控制能力，如提醒学生注意话题是否集中、表达的方式方法是否恰当等。当学生产生表面上的争执而没有深入话题实质时，教师要注意引导、启发学生拓宽思路，但在讨论中，在一般情况下，教师不宜先表明观点。

4. 小结评议

讨论结束时，教师要做小结或引导学生共同做小结。教师要指出讨论中存在的普遍问题，使学生在以后的讨论中引以为戒；对于疑难问题或争论未果的问题，教师要阐明自己的观点，如果学生不赞同，要允许学生保留不同意见，课外与学生交流。

（三）应注意的问题

1.要注意讨论的规模

组织讨论，不宜以班级整体为主，一般可由 4 ～ 8 人组成讨论小组。整个班级的讨论，学生人数多，很难有人人发言的机会，只有那些能力较强的学生敢于发言，能力较差的学生可能成为"旁观者"。

2.临时性讨论的组织

在教学中，常常有教师未预想到的学生意见或见解分歧。教师认为有必要讨论时也可以组织讨论（这种讨论往往更吸引学生），但规模应该是小组形式的讨论。

3.在阅读教学中运用

在多数情况下，讨论法要与其他方法结合使用，因为讨论法确实会给语文基础知识的传授和读写基本功的培养带来一定影响，所以即使是完成一篇课文的教学，也不宜只使用讨论法，应与其他方法配合使用。

4.教师要有较强的组织能力

运用讨论法比运用其他方法的要求更高。

四、练习法

练习法，是学生在教师指导下，通过自己的感官活动，巩固、运用知识，掌握技能，形成能力的方法。它是以学生相对独立活动为主的学习活动，适用范围很广，教师在听、说、读、写各项能力训练中都要运用这种方法。其他学科也要运用这种方法，但其内容和形式各有特点。语文学科的练习内容和形式，将在练习设计中详细叙述。

练习，按照它的目的来分，有巩固性练习和探究性练习之分。它们的共同点是促进知识转化为能力，区别在于：巩固性练习是以巩固所学知识为主要目的的，如在学生学习一篇课文后老师布置的练习；探究性练习是以运用所学知识去探求新的知识为主要目的的。本节所说的练习法，指的是探究性练习。

（一）练习法的优势

（1）练习是将知识转化为能力的唯一途径。学生要形成自己的语言能力，必须通过自己的主体活动。通过运用主体活动，学生把言语作品内化为自己的心理要素，形成语言能力。教师只有指导学生在课后、在实践中多练习，学生才能将所学的知识转化为稳定的语文能力。除此之外，别无他途。

（2）练习法有利于培养学生的创造性思维能力。现代教育科学工作者指出，传统语文教学属于语文知识教学层面，本质上是一种维持性学习。教学内容主要是汉语语法、词汇、阅读分析，而写作教学很少。教师组织教学的过程基本是，熟悉教材标准与要求—确定授课目的—判定教学策略—课堂教学—反馈评价。这种教学模式以教师、课堂、课本为中心，几代学生做着同样的作业，把作业的反复训练作为能力的培养。教学的逻辑起点是教材，由教师演绎，学生总是在被动适应中获得某种发展。这种陈旧、落后的教学方法忽略了将知识转化为能力的训练，忽略了运用逻辑综合分析问题的训练，抑制了学生主动获取知识、灵活运用知识、勇于创新知识的能力，导致学生缺乏科学思维素质，致使随着学龄的增长，学生运用语言的能力并未有所提高。从社会及文化的角度来看，这种教学忽略了对学生进行社会文化意识的培养，使学生学习的积极性和动力减弱，结果是社会对学生语言素质的高期望与学生对语文学习的淡漠形成强烈的反差。

因此，老师要鼓励学生进行探究性学习，鼓励学生在社会生活中练习听、说、读、写。这样，学生能接触到在课堂上难以接触到的新事物，也会遇到难以预料的实际问题，这些都有助于培养学生的创新思维，又增强了学生对社会生活的适应性。

（二）练习法运用要点

（1）要激发学生的练习兴趣，培养其自觉练习的良好习惯。首先，教师要充分考虑练习的针对性，使学生觉得有练习的必要；其次，教师的练习设计要做到形式活泼多样，使学生乐于练习；最后，要求要严格，教师要规定学生按质、按量、按时交作业，促进学生养成良好的习惯。

（2）练习的内容既要突出重点，又要顾及全面。每一篇课文、每一个单元都有教学重点，练习设计要围绕这些重点考虑，但是语文教学又不能毕其功于一役。语文能力是螺旋式向上发展的，在突出重点的同时要有一些复习性、巩固性的练习，包括对前一课文、前一单元的复习性练习。

（3）在必要时，教师要示范练习方法。练习的内容、形式很多，学生对某一练习内容或形式缺乏了解，就会感到无从下手。除了在练习题干中要有明确说明，教师还要示范练习，尤其是一些实践操作性的练习，更要注意示范，如现场采访、新闻报道等。

（4）评价学生的练习结果应实事求是、具体细致。对于学生练习结果的评价，无论是口头评价或是书面批改，教师都要有对学生负责的责任感和事业心，认真、具体、客观、公正。教师通常先指出优点，再指明缺点及纠正方法。评语要以鼓励为主，不要只给一个分数了事。

（三）应注意的问题

（1）练习有一个重要前提条件，就是对知识的理解。教师要注意在布置练习前了解学生对知识的掌握情况，如先在课堂上做口头练习，挑选个别学生回答与该练习类似的问题作为示范，或者教师示范解题或简要回顾所学的知识点等。教师要避免学生勉强敷衍或抄袭他人作业的情况发生。

（2）练习要讲究质量，也要讲究速度。每一次练习，既要有质的要求，也要有量的要求。没有量的要求，没有速度，就很难形成熟练的技能。

（3）练习的形式既要有书面练习，也要有口语方面的练习。教师要设计一些场景式练习，如特定现场的模拟对话（如在图书馆和管理员的对话、在商场里和售货员的对话等）。既要有单项练习，也要有综合性练习；既要有记忆性练习，也要有运用性的练习。教师要使学生的语文能力得到全面训练。

第五章 中学语文教学过程

第一节 中学语文教学过程的特点和类型

一、中学语文教学过程的概念

中学语文教学过程是指学生在教师的组织和指导下，有目的、有计划地学习课文及语文基础知识，进行听、说、读、写训练，从而获得语文知识、形成语文能力的过程。

中学语文教学过程包含着教师教的过程和学生学的过程。

研究教学过程的特点，是教师工作的中心。因为教学任务的落实、教学目的的实现必定要通过一定的教学程序。教师的教与学生的学只有通过教学过程才能达到各自的目的。追求教学过程的最优化，就是追求教学的高质量。

二、中学语文教学过程与其他学科教学过程的异同点

（一）共同点

1.构成因素相同

构成教学过程的基本因素有教师、学生、教学内容、教学方法和教学手段等。各种构成因素既联系密切、相互促进，又相互制约、相互作用，其中学生的学是最主要、最活跃、最具支配力的因素，是构成教学过程的主体。因此，教师在实施教学过程时，要重视学生的主体作用，在研究教学过程时，要重视学的过程的研究。

2.都是教与学的双边过程

学生在学的过程中，在教师的指导下，通过各种感官获得知识或进行能力训练，这是教学过程的主要方面。而教师在教学过程中，主要工作是"指

导"。因此，教师在实施教学过程时要有清晰的角色意识。教师的活动应该随着教学过程的发展而逐渐减少，而学生的活动却应逐渐增加，最终形成独立学习的能力。教师"教的过程"是在双边活动开始之前就展开的，如钻研教材、编写教案等。双边活动开始后，则重在对学生的"指导"。而学生"学的过程"则有所不同，在双边活动结束后，学生可以凭借在双边活动中习得的知识与技能开展独立的学习活动。学生自学的能力越强，教学效果越好。

（二）中学语文教学过程的特殊性

1.认识对象的特殊性

中学语文教学过程是学生掌握语言规律、培养言语能力的过程。由于学生是在母语环境中学习母语的，一位专家说得好，母语学习"既不是从零开始，也不是到此为止"。学生学习言语并非从学校开始。此外，从校内到校外，从集体到个人，无论何时何地，学生都受母语的影响，所以语文教学的组织和实施有更多的场合、更多的方式和更便利的条件。

2.教学手段的特殊性

在中学语文教学中，教学手段与教学目的基本一致，即在言语技能训练中培养学生的言语能力。虽说其他学科也有听、说、读、写活动，但言语只充当教学手段。语文教师要充分认识到自己的言语行为对学生有巨大的影响。教师要注意用规范的言语讲课，要做到言之有物、言之有理（有条理、有说服力）、言之有情、言之有趣。

3.思想感情的特殊性

中学语文教学过程中包含着极为丰富的感情因素。语文课本中大量的优秀作品富有诗情画意、充满人间真情。教师要充分利用这些有利条件，同时做到自身言语的依情动人，让学生在学习过程中既学到知识，又使情感愉悦，以潜移默化的方式发展学生的高尚情操和完善学生的健康人格。

三、中学语文教学过程的类别

人们根据各自的认识，按照不同的划分标准，将中学语文教学过程划分为不同层次、不同类型。这有利于教师根据不同类型的教学过程，采用不同的教学策略，设计不同的教学模式。

（1）根据教学内容、能力训练目的不同，中学语文教学过程可分为：①阅读教学过程；②写作教学过程；③听话能力训练过程；④说话能力训练过程；⑤语文知识教学过程。

（2）根据不同层次、时段，中学语文教学过程可分为：①中学语文学科的整个教学过程；②学期语文的教学过程；③单元课文的教学过程；④单篇课文的教学过程；⑤单节课型。

四、中学语文教学过程的特点

（一）稳定性和变动性

中学语文教学过程一般是按照学生学习语文的规律来安排的。比如，写作文一般有"观察—取材—整理—构思—成文—修改"等基本阶段，有一个从模仿到独立创作的过程。学习过程就是朝着既定的目标一步一步地"循序渐进"，这个"序"就是规律。中学语文教学的有序，使得教学过程具有稳定性。但是，如果把教学过程理解成静态的、固定不变的，就会使语文教学成为一个僵死的模式。每一节课的教学目的、教学内容、教学方法不同，学生的思想状况、知识积累、感情状态不同都会使教学过程发生变化，有时候简直是"风云突变"。所以，中学语文教师要对语文教学过程进行不断的研究和探索，而不要把某种具体的方式当成普遍适用的方法，使语文教学程式化。

（二）阶段性和连续性

上面说过，中学语文学习要循序渐进，读课文一般有一个"感知课文—理解消化—复习巩固—练习运用"的基本步骤，这些步骤体现了中学语文教学的阶段性。阅读教学、写作教学、听说教学都有阶段性。阶段的划分有助于教师针对一个阶段的学习内容、学生状态来制定教学目的和教学方法。但是，阶段性的划分也不是绝对的。读课文时，在感知中有理解，在理解中又有新的发现，在练习中加深理解，在运用中又有新的感知，在写作过程中，一边观察一边整理材料、一边写一边改更是常有的事，这中间就像链条一样，你连着我，我套着你，使得教学过程有了连续性。中学语文教师在执教过程中要根据这种情况统筹把握教学进度，在某个教学阶段中，既突出教学重点，又兼顾一般的知识积累和能力训练。

（三）整体性和局部性

整体性和局部性特点在阅读教学中体现得尤为明显。文章是由词句相连而成的，离开词句去理解文章自然是不可能的，学生只有把每个词句放在具体的文章中，才可能理解它的确切含义。因此，从根本上说，整体包含了局部，局部体现着整体，整体和局部是统一的。在阅读教学中，理解一篇文章的合理顺序应该是"整体—局部—整体"，因为学生只有从整体上把握了文章作者的感情、思想，文章的内容、形式特点，才能对局部的理解"高屋建瓴"，理解得更为准确、透彻。

五、中学语文教学过程的基本要求

（1）切实把握教学过程的组成部分及其联系规律，组成最优化的教学过程。

（2）更新教学观念，树立"大语文"教学观，勇于创新及敢于实践。

（3）充分认识教学过程具有双边性、多边性等特点，调动学生的积极性，主张自主探究、合作探究的学习方法。

第二节　中学语文单篇课文的教学过程

单篇课文的教学，是中学语文教学最基本也是经常实施的过程。这是因为人们的阅读常常是以一篇文章为基本单位的。中学语文教学就是以一篇文章为范例，教会学生阅读同一类文章。

一、新课导入

（一）作用

1. 调动学生情感，激发学习兴趣

中学语文课堂教学是一门艺术，而课堂导语更是艺术中的艺术，每一节课开场白的好坏关系到教师能否充分利用课堂的每一分钟，直接影响到课堂教学效率的高低。"转轴拨弦三两声，未成曲调先有情"，一个好的开头是师生间建立感情的第一座桥梁，它既能引起学生的兴趣，又能激发学生的求知欲，为整节课的学习打下良好的开头，使整个教学活动进行得生动、活泼、自然。

2. 明确学习目的，提示学习方法

俗话说，"响鼓还需重槌敲"。如果说一节课是响鼓，那么导语则是重槌的第一槌，重槌一定要浑厚激越，声声击到学生的心扉上，让学生的思维在碰撞中产生智慧的火花，消除其他课程的延续思维或心理杂念的干扰，把学生的注意力迅速集中起来，让学生饶有兴趣地投入新的学习情境中，提高学习效率。

（二）导入方法

1. 引用导入

以一些典故、诗词、对联、名言警句、故事来导入课文，无疑会起到事半功倍的效果。

2. 联系实际导入

联系社会实际、学生阅读实际、写作实际、生活实际等导入。

3. 回顾导入

回顾导入也称复习旧课文导入，是指回顾相同作家的作品、相同形式的作品等导入。孔子云："温故而知新"。回顾旧知识是导入新课的常用方法。

4. 直观法导入

运用教具、实物、模型、挂图进行课文导入。

在新课导语设计上，除上述示例外，还有审题导入、图示导入、提示问题导入、提炼观点导入、介绍背景导入、针对语病导入、点出人物导入等。

（三）应注意的问题

1. 紧扣课文中心

无论是哪一种导语设计，都要为全课的教学目的和教学重点服务，与讲课的内容紧密关联、自然衔接，不要枝枝蔓蔓、故弄玄虚、哗众取宠、浪费大量时间，要给学生以实实在在的收获。

2. 符合学生实际

学生能够接受且乐于接受。

3. 语言简洁、生动，内容新颖别致

导语应力求多彩多姿，要给学生以新鲜感，形成一种良好的学习心态，避免落入俗套。

二、预习阶段

"凡事预则立，不预则废"，教师上课之前要备课，学生上课之前也要做好准备，教学双方都有准备，教学过程中师生的教与学的活动就会更协调。

（一）预习的作用

1. 初步感知教材

其可使学生掌握大意，理出疑难点，加强听课的针对性。

2. 养成良好习惯

其可促使学生养成主动学习的良好习惯，培养学生的自学能力。

3. 对教师的作用

其可以提前发现学生在学习新课文时的疑难点，加强下一阶段教学的针对性。

（二）预习的类型

1. 从时间上分

从时间上可分为课内预习与课外预习。课内预习有利于学生之间的相互交流和教师的指导；课外预习有利于学生独立思考能力的充分发挥。学生能根据各自的科目灵活安排时间，可按照自己的能力调节预习进度。

2. 从预习目标上分

从预习目标上可分为定向预习与不定向预习。定向预习要求学生将课文的一个方面的内容作为预习重点，不对课文理解做全面要求；不定向预习则要求学生对课文做初步的、全面的理解，对从字、词、句到课文内容、形式的掌握都有所要求。

3. 从预习方法上分

从预习方法上可分为疏通式预习与质疑式预习。疏通式预习是指学生借助工具书，理解生字、新词，能较畅通地阅读课文并初通文意，学生在学习难度较大的课文时，一般采用疏通式预习。质疑式预习是指学生在预习课文时提出一些有质量的问题或由教师提出问题，促使学生在读课文时，学会透过文章的字面意义，理解文章的深层含义，学生在学习浅易文章时，一般采用质疑式预习。

4. 从预习的内容容量上分

从预习的内容容量上可分为单篇预习与单元预习。单元预习是指在单篇预习的基础上，比较单元内的几篇课文，找出同类文章的规律，辨别不同文章各自的特色。

确定预习类型，要因文制宜、因人（学生）制宜。

（三）预习指导

教师要提出预习要求。教师在学生预习前提出问题，列出预习纲要，让学生带着问题去预习课文，使预习更有目的性、更扎实。（那种空泛的学生预习要求对一些学生来说收效甚微。）但一定要注意，预习目标要明确具体，要求不宜过高，难度不宜太大。

1. 指导预习程序

预习的程序一般为：诵读—会意—发疑—小结。

诵读：预习，一般都是以认识字词为基础的，所以当预习开始时，教师应要求学生自己动手查阅工具书，认识、理解字词，进而顺畅诵读课文，把握课文的大意，初步了解文章的特点。

会意：在顺畅诵读的基础上，对文章的内容进行更深层次的思考。例如，文章的主要内容是什么，文章体现了作者什么思想（作者阐述了什么观点），全文按什么线索组织材料等。教师要指导学生调动以往的知识积累和生活经验，或者通过课外的观察、参观、访问等形式，使学生的"会意"达到更高的水平。

发疑：预习课文时提出问题。发疑有两个意思：一是指教师在学生预习前提出问题，让学生带着问题去预习课文；二是指学生在预习中提出问题，这些问题包括对课文的不理解之处、对课文的理解与他人有不同之处、对课文的新的见解等。

小结：教师、学生双方都要小结。学生小结的内容主要是归纳：哪些方面有收获、哪些方面还不懂，找出下一阶段的学习重点。教师小结的主要内容：学生预习结果与备课情况相比，学生自己解决了哪些问题，哪些问题尚未解决，学生提出了哪些问题，涉及教学目的的主要问题有哪些。教师要根据学生的预习结果及时调整教学内容。

2. 指导学生使用工具书

首先，教师要向学生介绍、推荐常用的字（词）典，如《新华字典》《现代汉语词典》《古汉语常用字字典》等；其次，要指导学生查阅常用词典的方法；再次，可以传授学生一些到图书馆查阅资料的方法，使学生具备一些检索书目的常识；最后，要求学生经常使用工具书，让学生养成借助工具书独立阅读文章的良好习惯。

3. 介绍、指导阅读有关参考资料，补充相关知识

中学语文课文阅读会涉及一些相关知识，如历史知识、地理知识、风俗民情等，正所谓"语文有百科"，教师应当鼓励或指导学生自己动手查

找资料。在没有条件的情况下，教师要补充介绍必要的相关知识，使学生能够顺利阅读。

4.指导学生相互质疑问难

在预习时，学生之间的质疑问难，既可以达到互相帮助、互相交流、共同提高的目的，又能够养成主动学习的习惯，增强团结友爱的作风和集体主义精神。

（四）预习检查

对学生的预习，教师不但要有布置，而且要注意检查落实。因为学生从事一项活动是一个从不自觉到自觉、从不适应到适应的过程。预习检查是督促学生养成自觉学习习惯的必要措施之一，也是教师了解学生、提高教学效率的必要措施之一。预习检查的形式有口试、笔试、板演等，也可以让学生提问题，教师从学生提问的质量上也能判断出学生对课文的理解程度。检查的内容范围要与布置预习的目标一致，难度不宜过高。

三、教读阶段

教读阶段，是指教师指导学生在预习的基础上全面深入地理解课文，解决学生在预习中不能独立解决的疑难问题，传授学生读书方法，培养学生阅读能力的阶段。在这一阶段中，教师要做的不仅仅是传授知识，更重要的是培养学生的能力，教师要结合课文，教给学生读书方法，使学生在获得基础知识、理解课文的同时，掌握阅读同类文章的方法，并逐步形成稳定的阅读能力，从而达到"教是为了不教"的最终目的。

教读阶段一般有以下八个环节。

（一）指导理解文章标题

文章的标题与文章的内容、中心思想、体裁有着密切的关系。

指导学生理解标题不但有助于学生掌握课文的主要内容或形式特征，还可以培养学生的审题能力，锤炼学生的言语能力，为写作教学奠定基础。

1.解题的基本方法

（1）补充还原法。有些课文的标题是一个词或短语，对这类标题，教师可根据教学需要，让学生在预习课文的基础上，将标题还原成一个相对完整的、能够反映课文某个方面内容的短语或句子。

（2）关键词素提示法。教师针对标题的重点词素（也叫题眼）点拨学生，使学生阅读课文时能较快地抓住主要内容或中心线索。

（3）比较法。教师将新学课文的标题与已学课文的标题进行比较，突出它们之间的异同点，引起学生的注意，以辨析阅读重点。

（4）结构分析法。结构分析法有两种划分方法：一是从内容层次结构方面分析，如《中国石拱桥》从"桥"到"石拱桥"，再到"中国石拱桥"，既突出了说明文言语的准确性，又暗示了课文的说明顺序；二是从语法结构方面分析。

（5）解释词义法。对于一些较难理解的标题，或者是一些标题使用了比喻义、引申义、象征义等，学生缺乏概念知识，难以理解。教师可根据实际情况，解释概念知识，或者引导学生体会文题的使用意义与本义的异同，以理解作者的真正用意。

2.应注意的问题

（1）解题时间可灵活安排。教师既可以在预习时解题，也可以在教读课文中解题，还可以在总结课文主题时解题。总之要利于学生理解课文。

（2）解题要和写作教学相联系。教师要帮助学生掌握命题技巧，促使学生能够根据文题组织材料，有助于学生布局谋篇能力的发展和提高。

（二）介绍作家和时代背景等相关知识

当学生阅读时代较久远的作品、外国文学作品及长篇小说节录部分等课文时，教师应介绍作家简况及与作品相关的背景知识，其目的是消除时代隔阂、地域隔阂。教师在教读长篇小说节录类的课文时，适当介绍作品的全貌有利于学生了解节录部分与全文的关系、在全文中的地位等。这些都有助于学生理解在课文中应注意的问题。

（三）文字教学

文字教学是阅读教学的基本内容，始终处于先行的工具地位。自古以来，语文教学都以识字教学为起点，它是阅读与写作的基础。文字教学的基本要求是认清字形、读准字音、理解字义、书写规范。

1. 文字选择

中学语文教学中的识字教学，是在小学的基础上进行的，因此教师不能逢字必教，而应有所选择。除生字外，需要进行教学的文字主要有以下几类。

（1）形似字。如"叼、叨""嬴（瘦弱）、赢（余利）、嬴（姓）""莹（像玉的石）、茔（墓地）"。

（2）多音字。例如："哄"读"hōng"时，一般作为象声词，如哄堂大笑；读"hǒng"时一般作为动词，如哄孩子、哄骗；读"hòng"时一般作为动词或名词，如哄闹、一哄而散、起哄。

（3）同音字。如"既、即""健、键""到、道"等。

（4）结构复杂的字。如"爨（cuàn）""饕餮（tāo tiè）"。

2. 文字教学的基本方法

（1）指事识字法，即利用指事字的结构特点教学生识字。例如，"居心叵测"的"叵"是变体指事，学生易写成"叵"。有的教师根据变体指事的特点讲"叵"就是"不可"，"不可"是"可"的反面，"可"字从右面翻转过来，就成了"叵"。这样一讲，生动有趣，"叵"字的字形深深地印在了学生的脑海里。将这种方法加以引申，就是形象化解字法。比如，有位教师在讲《黔之驴》中的"憖憖然"时说，来了一条狗（犬），心里很害怕，所以"憖"就是害怕什么事要发生，小心谨慎的样子。这未必是造字的本源，却能使学生牢记这个字。

（2）会意识字法，即通过分析会意字的结构来教学生识字的方法。如"采"字由"爪"和"木"组成，表示伸手到树上摘花果。

（3）形声规律识字法，即根据形声字结构规律教学生识字的方法。汉字大多数是形声字，这种方法用得较多。如"萤、莹、茔、萦、荥、荧"

这六个字的辨析，用形声字的规律引导学生理解它们的用法，比强记的效果要好得多。

3. 应注意的问题

（1）文字教学不能离开组词方式教学。如"萤、莹、茔、萦、荥、荧"，只有在具体的词语中辨析，学生才能记忆深刻。

（2）要着意指导学生查阅工具书以达到识字的目的，这是语文能力中最基本的能力。字典是终身不离的老师，学生学会查字典，一辈子受用无穷。

（四）词汇教学

著名语文教育专家张志公先生曾经说过，在当前的语文教学中，要特别强调词汇教学，学生语文的水平在很大程度上取决于词汇的储备。理解课文也与词汇量相关。即使是教师，在钻研课文时，能够很快地抓住课文的关键词语也和词汇量有关。

1. 词的选择

中学语文教学中的词汇教学任务也是在小学教学的基础上扩大学生的词汇量。在阅读课文时，教师要注意讲解下列类型的词语：

（1）课文中出现的学生未接触过的新词；

（2）多义词，尤其是在文言文中一词多义的现象较多；

（3）近义词，尤其要注意词义有细微差别词语的辨析；

（4）意义双关或有特殊含义的词；

（5）与课文主题或主要内容密切相关的词；

（6）使用频繁、社会交际价值高的词。

2. 词汇的教学方法

（1）下定义法，即通过文字表述的形式对词语的内涵和外延做简要、确切的说明。例如，"弥漫"一词的意思是（烟尘、雾气、水等）充满或布满，括号内就是词的外延。

（2）同义互释，即用同义词解释词义。例如，使用现代汉语词语解释古汉语词语，如"履"和"鞋"、"业已"和"已经"。

（3）直观法，即观察自然或实物，或者借助表情、动作、声音描述。例如，"蜿蜒"按照《现代汉语词典》的解释是"蛇类爬行的样子"，如果辅以手势，效果更好。

（4）扩充法，即将词素按词的整体意义扩展开来，这种方法一般用于固定短语。例如，"披坚执锐"——穿上坚固的铠甲，拿起锋利的武器。

（5）分解词素法，即解释组成词语的词素。这种方法一般用于近义词的比较，效果明显。例如："细腻"的意思是细致光滑；"细致"的意思是精细周密；"细巧"的意思是精细巧妙。

（6）整体解释法，即有些词语，并非词素意义的简单相加，所以不能分解词素。例如："骨肉"，指父母兄弟子女等亲人；"将就"，勉强适应不很满意的事物或环境；"坐地"，固定在某个地方。

（7）比较法，即通过古今比较、正反比较、近义比较使学生确切地掌握词义。

①古今比较。例如，"狼吞虎咽"通过古今比较，能使学生更好地理解名词作状语的语法现象。

②正反比较。例如，很难清楚地解释"轻佻"的意思，借助"庄重""严肃"做比较，学生就更容易接受。

③近义比较。近义词的比较不但有利于学生更准确地理解词义，从措辞中体会作者的感情，而且能促使学生在表达时炼字、炼词，力求准确、生动。例如，"叫"的近义词有"喊、吆、呼、唤、嚷、吼"，在用于动物时还有"吠、鸣、啼、嚎、啸、嗥、嘶"等。

（8）溯源法，即运用追溯词语来源的方法讲解词义，一般用于成语的解释。

3.应注意的问题

（1）解释词语一定要坚持"字不离词、词不离句"的原则。①中学语文教学中解词的目的在于帮助学生更好地理解课文。词典中的解释都是高度概括的，只突出了词义的主要特点，而具体环境中的词义，则往往突出它在某一方面的特点。②词有比喻义、引申义、象征义，这些词义都是根据具体语境的不同而产生的意义，现代汉语中称为"变义"。③词的感情色彩也会因语境的不同而发生变化，如果教师只是死板地按照词典的释文中去解释具体课文中的词义，会影响学生对课文的准确理解。

（2）解释词语的方法要灵活。解释词语应该让学生自觉动手查阅工具书去理解词义，但词义不像字音那么固定，往往需要教师解释。为了加深学生的印象，教师要采取灵活的方法去解释，例如，利用画图表述词义，用动作、表情去描摹词义，用实物去比拟词义，等等。教师要不拘一格，注重实效。

（3）解释词语时，教师不但要注意引导学生准确理解词义，而且要注意指导用法。中学语文教学的目的在于培育学生的言语技能，所以教师不但要讲清词义，更要着眼于指导学生使用。中学生错用词语的现象比较普遍，其中有对词义的误解。但更多的情况是对用法的不了解。例如：弥漫 —— 下课了，同学们弥漫在操场上；惨不忍睹 —— 老师站在讲台上辛辛苦苦地讲课，累得满头大汗，我们坐在椅子上，真是惨不忍睹；空中楼阁 —— 放学的时候，一幢幢漂亮的楼房，简直是空中楼阁，沐浴在金色的阳光中，格外雄壮。

有些词语，因为种种原因，人们不再使用它的本义，反而较多地使用比喻义、引申义，如"火坑""冷门""冷板凳"。有的词语，则在特定的场合使用，如"桑梓""寿衣"等。因此，教师要指导学生在实践中学习使用词语。

（五）句子教学

句子是构成文章的基本单位。阅读课文时，学生必须通过理解完整的句义，才能体会文章的内容、作者的思想感情。所以，句子教学在中学语文阅读教学中占有非常重要的地位。

教读一篇课文，并非句句必讲，这其中的原因是显而易见的：一是时间不允许；二是学生从小学就开始学语文，有一定的句子积累；三是学生在母语环境中学习母语，社会用语也会给予学生一定的启发。所以，句子教学要有重点。句子教学的基本要求：一是讲清楚句子的意义；二是讲清楚句子的表达技巧；三是讲清楚句子间的逻辑关系。

1. 句子选择

一般情况下教师应注意下列类型的句子：

（1）集中体现课文中心内容或主题思想的关键句；

（2）含义深刻、内涵特别丰富的句子；

（3）体现行文结构的句子，如段落中的总提句，有过渡、照应关系的句子；

（4）使用了修辞手法的句子；

（5）特殊句式，如倒装句、省略句、长单句、复句等。

2. 句子教学的基本方法

（1）结构分析法。其指从分析句子的结构入手，引导学生品味语言。

（2）替换比较法。其指将课文之中的句子变成其他形式进行比较，如句式的变换、语序的变换、修辞的变换、词语的变换、标点符号的变换等。教师变换前后的语意，使语意发生变化，让学生品味原句的意义。

（3）品味鉴赏法。对一些妙言警句，教师要引导学生反复咏读，让学生通过对句子措辞、修辞手法的细心揣摩，体会句子的丰富内涵。

（4）复现法。有意识地重复、强化，通过朗读、背诵、仿写等方式对名言警句或经常使用的句式进行训练、巩固，提高学生的表达能力。

3. 应注意的问题

（1）原则。句子教学要按照"句不离段，段不离篇"的原则，将句子放在段、篇的语境中讲析，以避免曲解文意。

（2）内容与形式。句子教学要注意内容与形式的统一，既包含讲析句义，也包含讲析句子的结构形式、表达技巧、句与句之间的逻辑关系。这样学生才能学会并使用句子。

（3）用法。句子教学要着眼于使用。因此，教师更要注意用法的指导，既可以进行仿写、仿说等单项训练，也可以在作文教学中提出相应的要求。

（六）段落教学

段落教学在中学语文阅读教学中是一种基础能力的教学。段落是文章的直接组成部分，理解段落就是理解课文与段落之间的联系，也体现了作者的行文思路、写作线索、写作顺序。所以，段落教学的意义为：引导学生掌握常用文体的结构形式，提高学生布局谋篇的能力，增强学生表达的条理性；提高学生分析归纳、综合、概括的能力，提高学生的阅读效率。

1. 段落教学的基本内容

段落教学的基本内容有三个方面：分层次、找联系、定中心。

（1）分层次。其指划分段落。划分段落既是在学生掌握了全文的基本内容后对文章进行精读的一个准备活动，又是一个加深理解的环节，而不是肢解课文。对于这一点，教师一定要有正确的认识。划分段落的标准有时间推移、空间转换、作者感情变化、事物（事件）性质不同或类型不同等。正因为标准多样，所以同一篇文章有多种划分就在情理之中。

（2）找联系。其指寻求文章各部分的连贯性。段落之间有并列、对比、递进、承接、因果、总分等。各个段落联结成一个有机的整体，共同服从于一个中心，突出一个主题。寻找各个段落的联系，能避免学生孤立地理解某一个段落，避免断章取义，对全文造成曲解。

（3）定中心。其指概括段落大意，把握文章各部分的要点，为理解全文的内容和主题奠定基础。概括段落大意一般不能简单地用课文的原词原句去表达，因为这样做不利于学生概括能力的培养。

2. 段落教学的基本方法

（1）指导学生根据文章体裁、内容特点选用划分标准。例如：记叙文一般以时间推移、空间转换为标准；说明文以事物的特征为中心，辨别说明角度；议论文以提出问题、分析问题、解决问题为依据；等等。

（2）引导学生从理解自然段的相互关系入手。教师要指导学生先练习合并自然段，让学生逐步掌握段落划分的方法。文章的自然段有相对独立的意义，它们之间的联系形式更明显。

（3）指导学生提高筛选信息的能力。教师要使学生能够很好地找出文章的主要词句，或段落的总提句。

（4）指导学生编写段落提纲。教师让学生先反复阅读课文，然后分析要点，再用简洁的语言概括（或用加小标题的形式）段落大意。

3. 应注意的问题

（1）段落教学一定要在学生理解全文大意后进行。如果学生对全文没有初步、整体的认识，没有从整体出发去考察各部分的内容，教师就让学生划分段落，那么学生只能"瞎猜"，段落教学毫无意义。

（2）教师要重视方法的指导和段落之间关系的点拨。段落教学的目的在于增强学生的理解能力，不要流于形式。

（3）段落教学要注意内容与形式的统一。只有坚持这一点，学生才有可能在作文实践中学习使用。例如：哪些内容的文章适合运用"总—分"的结构形式？为什么会有过渡段？为什么有的文章会用倒叙？倒叙段段落特征有哪些？这些与文章的内容紧密相连。内容决定形式，这是文章的主要方面。

（七）求旨教学

求旨教学的内容包括归纳文章的主题，领会文章的社会地位和影响，学习作者是如何根据主题组织材料、安排文章结构的。其目的是指导学生把握课文的中心内容及思想意义；在培养阅读能力的同时，训练学生的思维能力、发展智力，完善学生的思想品格和提高学生的人文素养。

1. 求旨教学的基本方法

求旨教学总的教学思路是"写什么—怎样写—为什么写"，但文章的内容、体裁不同，方法也会有所不同。

（1）记叙人物为主（含小说）的文章：应以"揣摩细节描写，分析人物性格、人物之间的关系、人物的命运结局"为途径，实现对主题的把握。

（2）以叙事为主的文章：应以"揣摩情节，研究促使事件发生、发展变化的根本原因是什么"为途径，实现对主题的把握。

（3）议论文：通常从作者提出的论点、得出的结论或分析作者提倡什么、赞扬什么、批评什么、反对什么来实现对主题的把握。

（4）散文：通常从分析作者使用的材料入手，揣摩作者的感情基调、感情变化的原因，实现对主题的把握；同时，教师还要特别注意作者直抒胸臆的抒情句、议论句，因为这些句子与主题关系密切。

（5）诗歌：主旨的归纳需要学生展开联想和想象，要善于寻找并判断诗人所描绘的意象中蕴含的情思，联系作者的生平经历、社会实际，推断出诗的主题。

2. 应注意的问题

（1）教师要全面理解求旨教学的目的和意义。求旨教学不仅仅是引导学生把握课文的主题，而且要提高学生根据主题选择材料、构思篇章的作文能力，让学生把读与写有机结合起来。

（2）教师要注意在求旨教学中对学生进行思维训练。教师不要包办代替，让学生"课堂抄主题，课后背主题"，也不要让学生摘抄课文中的只言片语来代替主题的归纳，而是要调动学生的思维积极性，让学生经过细读课文、反复思考，独立地领悟课文的内容和意义。

（八）篇章教学

篇章教学的主要目的：使学生掌握常用的表达方式、修辞方法、语言运用的技巧；培养学生使用常用文体写作的能力；培养对作品的鉴赏能力。如果说求旨教学侧重于从文章的内容上提高学生的鉴赏水平，那么篇章教学就是从文章的形式上提高学生的鉴赏水平。

1. 篇章教学的基本方法

（1）例证分析法，即选择课文中有代表性的实例，联系课文实际，讲解其他的特征、方式、效果。切忌空泛评论。

（2）比较法，即比较写作方法的异同点。这种方法侧重于突出某一写作方法的优点，促使学生加深认识，掌握运用要领。例如，教师在讲"比喻"时可以将明喻、暗喻、借喻、借代进行比较。

（3）示范运用法，即由教师示范运用，以加深学生的印象，使学生从中体会运用要领，然后由学生独立运用。

2. 应注意的问题

（1）教师要突出重点。入选的课文都是根据文质兼美的标准而选的，每篇文章可供学生学习、模仿的特色有很多，要求学生全面掌握是不可能的，因此教师要根据教学的总目标、课文实际、学生写作实际，选择一个方面的特点提出学习要求，即一些教师归纳的"一课一得"，这样教学效果更好。

（2）教师要注意讲练结合，联系写作和口语交际实践，让学生在运用中加深理解。

（3）教师要注意一般要求，不要把对文章的一般要求当作一篇文章的写作特点。

四、练习、巩固阶段

在预习、教读阶段中，学生要进行适当的练习。而这个阶段的练习是指时间相对集中、内容相对全面、层次更深的练习，以巩固前两个阶段所学到的知识，并将知识转化为能力。

（一）熟读课文、增强记忆

学习一篇课文，经过老师的指导和自己的努力，学生固然能"恍然大悟"，但留在脑海中的印象不是很深。只有反复熟读才能增强记忆，加深理解。熟读有以下三种形式。

1.吟诵

对于一些散文、诗歌，吟诵能使学生更好地体会作者的思想感情，深入作品所描绘的意境，在心灵上引起共鸣，从而增强记忆。

2.背诵

背诵是一种传统的读书方法，要在理解的基础上进行。这样才可以存储知识、加深理解、随时体味、任意调用。

3.默写

在背诵的基础上让学生默写一些诗文或课文的精彩片段，既能检查学生熟读的效果，又能检查学生对字形的掌握情况，还能规范学生的书写行为。

（二）整理归纳、掌握规律

一篇课文的学习，使学生获得了相应的知识，提高了相应的能力。但这种知识还不是系统的。光"一课一得"还不够，学生还要"得得相连"，将知识系统化并掌握运用规律，以在实践中运用。

这个阶段的基本方法如下：

1. 整理

将学习本篇课文所获的知识分类，可分为文字知识、文学常识、文体知识、能力要求等，然后按照类别记入读书笔记。

2. 归纳

一般在学习一个单元后，将本单元学过的知识进行一次归类。比如，学过一个单元的说明文，便可以将单元各篇课文所介绍的说明方法整合在一起，通过整理、归纳、比较，形成系统知识。

3. 写学习笔记

写学习笔记不必求全，不求统一，可以根据学生个人的学习实际安排内容。其目的是通过书面形式记录学习收获，一次收获是一个片段内容，前后相连便成为系统知识，这样既便于记忆，又加深理解，而且更有利于将知识转化为能力。

（三）指导运用、形成技能

这个阶段的练习应该比预习、教读阶段的练习更全面，要求更高。在性质上，预习阶段的练习是尝试性理解，教读阶段的练习着重于巩固，而这个阶段的练习更注重知识、方法的迁移，即运用所学的知识、方法去解决新问题。例如，要求学生仿写，要求学生阅读同类文章，要求学生评论、鉴赏课文等。

上面所说的是一般意义上的一篇课文的教学过程。教学过程不是固定不变的，语文教学没有固定模式，追求语文教学过程的最优化永无止境。

第三节 中学语文群文阅读教学过程

一、回归语文本体

近年来，语文教学中出现了一个现象，即淡化语文学科本体。语文课缺少语文味，存在大量"非语文""泛语文""超语文"的现象，过度重视文本的情感、态度和价值观，过度关注人文性，过度追求课堂活动的创新，轻视甚至忽视语文的工具性，这些淡化甚至丧失语文本体的教学现象，引起了语文界有关"语文本体"的大讨论。群文阅读教学的理念之一就是回归语文本体。

（一）提高理论认识，明确语文本体

工具性与人文性的统一是语文课的基本特点，这是全日制义务教育语文课程标准明确指出的。因此，语文课的工具性和人文性不可偏废其一。语文课程不仅要使学生初步学会运用祖国语言文字进行交流沟通，还要使学生吸纳古今中外的优秀文化，提高思想文化素养，促进自身精神成长。因此，学会运用语言文字、提高文化素养、促进精神成长都是语文本体的内容。

因此，在中学语文群文阅读教学过程中，议题的选择、教学内容的确定都要基于语言文字运用和文化素养两方面。需要注意的是，语文课提到的人文素养是建立在语文基础和语文能力上的语文素养，包括语文与生活、语文与生命、语文与人生、语文与思想等。因此可以说，语文课是基于语言文字运用，指向人文素养的提高和人精神的成长的课程。

（二）重视语文知识，凸显语用教学

语用，即语言文字的实践运用。语用教学是语文工具性的要求和体现。既然语文课要基于语言文字的运用，那么教师有必要在教学中关注语用教学。现行部编教材的每个单元都是依据人文主题和语文要素进行编排的，这样的"双线并行"本身就是语文本体的体现。

语文知识的内涵也比较丰富，具体包括语言文字知识、阅读知识、写作知识和口语交际知识。这需要教师深入解读文本，并在文本中挖掘语文要素和语文知识，明确一节课的语文知识学习目标。具体到在中学语文群文阅读教学过程中，更多的则表现为议题的确定。议题确定可以通过阅读知识进行，如"小说人物形象的刻画""寓言中寓意的体现方法""说明方法知多少"等，也可以通过写作知识进行，如"以小见大的作用""怎样描写景物"等。这样的群文阅读课，能使学生学得扎实，语文知识得到积累和运用。

（三）关注能力培养，提高人文素养

文本作为语文知识和能力的载体，是学生学习语言文字运用，提高学生语文能力的学习对象，但并不是教学内容。所以，最大的转变就是变"教教材"为"用教材教"。语文教材也应该是实用功能与文化功能的结合。因此，进行教学时，教师既可以利用课本来教学生语言文字的运用，也可以利用课本来提高学生的人文素养。

在中学语文群文阅读教学过程中，根据所确定的议题、所选择的文本特点，结合具体学情，教师可确定一节课是侧重语言文字的运用，还是侧重人文素养的提高。但无论是哪一种都离不开对学生阅读能力、思考能力、分析能力、表达能力等语文学习能力的培养。总之，语文知识的学习是基础，技能培养是过程，语用能力和人文素养的提高是语文教学的目标。

二、尊重学生主体

新课标提出，学生是学习的主体。中学语文群文阅读教学更加充分地体现了这一点。教师要把课堂还给学生，让学生活动成为教学过程的主体。而中学语文群文阅读教学的特点就决定了尊重学生主体地位，构建开放而有活力的语文课程，打造开放而有活力的语文课堂。

（一）让读于生，尊重个体阅读体验

阅读是学生的个性化行为，教师应让学生在积极主动的思维和情感活动

中加深理解和体验，有所感悟和思考。

在中学语文群文阅读教学过程中，教师应让位于生、让读于生，促使课堂结构和师生互动是开放的。教师设定具有可议论性和开放性的议题，把学生引入思考和讨论之中，让学生拥有更多的时间参与对话。中学语文群文阅读教学给学生足够的时间阅读和思考，没有固定的答案，尊重学生的个人阅读体验，每一种声音都被尊重，师生共同交流，思想不断碰撞融合，最终达成较为一致的见解。而且和传统教学不同，群文阅读更注重过程性评价，更关注学生的阅读过程和这个过程中所体现出来的阅读习惯和能力，尊重学生的阅读认知，不轻易否定学生，让学生在集体的讨论碰撞中逐步达成共识。

（二）变讲为议，集体建构达成共识

中学语文群文阅读教学区别于传统的中学语文单篇教学的最大特点就是多元化与开放性。所谓多元化，指议题确定的多元化、文本选择与组合的多元化，这就决定了课堂的开放性。教师在这个开放的课堂中，角色发生变化，教师由主导者变成组织者和参与者，话语量减少，将更多的时间留给学生思考交流，教学方式也由讲解变成了聆听、点拨和议论。

中学语文群文阅读是生成性教学，围绕议题阅读多个文本，从而完成意义建构。但在阅读的过程中，群文阅读教学并没有固定的答案，不同学生有不同的认知。在交流中，师生的认知彼此影响融合，产生新的思想，如此反复，最终达成共识。所以，群文阅读课堂很难预设，它是一个交流、碰撞、探究、融合、生成的过程。教师在整个教学活动中，变传统讲解为师生共议，甚至没有人知道大家最终会形成什么观点。但这并不重要，重要的是所有人都积极参与阅读思考与交流，不断加深理解，锻炼自己的思维能力和表达能力。

三、重视核心素养

语文核心素养强调语言的理解和运用，重视思维和审美的培养，关注文化的传承与发展，无论哪个角度，都指向学生语文学习的综合能力和素养。

重视语文核心素养成为中学语文群文阅读教学理念之一。

（一）重视语言运用

对语言的感知和运用不仅是个体语言发展的重要标志，也是语文学习的基本要求。语言文字的运用是语文工具性的重要体现，是语文本体的重要方面。在语文学科核心素养中，语言运用能力是学生学习语文最首要和基本的任务。

学生围绕议题，展开对多个文本的阅读，通过对文质兼美的文本进行语言运用的基本训练，可以获得语言建构的方法和经验，可以积累语文知识，提高阅读速度，提升分析能力、整合能力，从而感知不同文本语言特点。

（二）促进思维发展

任何学习都离不开思维。阅读是思维的活动，中学语文群文阅读相对于传统的中学语文单篇教学，更加重视思维的培养。中学语文单篇阅读教学追求一致的答案，往往是聚合思维；而中学语文群文阅读更多的是求同存异，重点不是"求同"，而是"存异"，这就要求学生应对多个文本进行比较、分析、整合。而且，中学语文群文阅读教学没有固定的答案，只有不断地碰撞、融合思维，才能使观点或见解较为一致，这个集体建构的过程就很好地训练了学生的逆向思维、发散思维、辩证思维等多种思维能力。发散思维和逆向思维是创造性思维的体现，而中学语文群文阅读教学能够促进学生的思维发展。

（三）培养审美能力

审美观是人的文学悟性。美育是教育的重要内容之一。语文教学和美育也紧密相关，教材中有许多优秀的审美内容，以文本的形式呈现，体现为对自然、社会、人物等的美的感悟和体验，包括美景、美好的情感、美的语言、美的表达等。学生通过阅读这些文本，可以获得美的熏陶，从而培养审美能力。

在中学语文群文阅读教学中，教师选择文质兼美的多个文本，学生在阅读思考的过程中，受到良好的审美熏陶，培养了积极健康的情感，提高了审美意识。

（四）引导文化传承

教育担负着传承文化的功能。文本是语言的载体，更是文化的载体。新课标指出，"要吸纳古今中外优秀文化，提高思想文化素养，促进自身精神成长"。教材中的选文都是经过认真审核、文质兼美的文本，学生通过学习这些文本，可以了解到文本深厚的文化内涵。

中学语文群文阅读的选文也要秉承"引导文化传承"的理念，所选文本需要具有一定的文化内涵，能够引导学生认识文化、传承文化和发扬文化。

群文阅读教学作为一种新兴的教学方式，必须要契合时代发展的需要，符合语文教学的规律，吻合语文教学改革的发展。回归语文本体、尊重学生主体、重视核心素养，既是时代的发展需要，也是教育教学改革的需要。在中学语文群文阅读教学的实践中，教师要从以上所述的理念出发，确保中学语文群文阅读教学健康、快速的发展。

参 考 文 献

[1]   李春喜. 小学语文教学技能实训[M]. 上海：复旦大学出版社，2019.

[2]   樊红. 小学语文教育工作研究[M]. 沈阳：辽海出版社，2019.

[3]   张心科. 经典翻译文学与中小学语文教育[M]. 上海：华东师范大学出版社，2019.

[4]   薛金星. 小学语文基础知识手册[M]. 北京：北京教育出版社，2019.

[5]   南燕. 现代小学语文教育教学探索研究[M]. 长春：东北师范大学出版社，2020.

[6]   杨德伦. 小学语文教育创新实践[M]. 北京：光明日报出版社，2018.

[7]   莫莉. 小学语文教育教学知识与能力[M]. 昆明：云南科技出版社，2018.

[8]   薛晓倩. 多元文化教育背景下的小学语文教学再探究[M]. 银川：阳光出版社，2018.

[9]   李正勇，蓝拓，费胤霖. 中学语文课堂教学艺术[M]. 延吉：延边大学出版社，2018.

[10]   王恩典. 小学语文教学中的赏识教育研究[M]. 长春：吉林大学出版社，2018.

[11]   饶满萍. 小学语文教学设计与实施[M]. 成都：西南交通大学出版社，2019.

[12]   罗祎. 小学语文教学实践研究[M]. 北京：光明日报出版社，2019.

[13]   甘清梅，车兴钰. 小学语文教学实践探究[M]. 长春：世界图书出版公司，2019.

[14]   宋秋前，余春丽. 小学语文教学的优化策略[M]. 上海：上海交通大学出版社，2020.

[15]   廖娅晖. 小学语文教学设计[M]. 北京：中国铁道出版社，2018.

[16]   朱立金. 小学语文教学研究与实践[M]. 济南：山东教育出版社，2018.

[17]   宋秋前，钟玲玲. 小学语文教学问题诊断与矫治[M]. 上海：上海交通大学出版社，2018.

[18]   吴亮奎. 小学语文教学设计：问题与方法[M]. 福州：福建教育出版社，2018.

[19]   成秀. 小学语文教学入门50问[M]. 济南：山东教育出版社，2018.

[20]   宋秋前，王儿. 小学语文教学问题分析与解决策略[M]. 上海：上海交通大学出版
       社，2018.

[21]   顾可雅. 基于核心素养的小学语文教学设计[M]. 宁波：宁波出版社，2018.

[22]   杜永道. 有问必答：小学语文教学疑难答问[M]. 上海：上海教育出版社，2018.

[23]   张敏华. 谈小学语文教学之道：统编本教材教学方略（第一学段）[M]. 宁波：宁波

出版社, 2018.

[24] 范新阳. 中学语文核心素养教育论[M]. 苏州: 苏州大学出版社, 2019.

[25] 李晓明, 高长春. 当代中学语文教育名师研究[M]. 长春: 吉林文史出版社, 2013.

[26] 吕洋. 基于核心素养提升的语文智慧课堂[M]. 西安: 陕西师范大学出版总社, 2019.

[27] 贺卫东. 中学语文教学案例研究[M]. 西安: 陕西师范大学出版总社, 2020.

[28] 孙东宁. 新课程下的中学语文教学及其设计探究[M]. 北京: 中国大地出版社, 2019.

[29] 郭亚丹. 守正·出新·突破·超越: 中学语文教学耕耘录[M]. 福州: 福建教育出版社, 2019.

[30] 张璐. 中学语文课堂教学与实践[M]. 长春: 吉林人民出版社, 2019.

[31] 褚治明. 中学语文名师课堂教学艺术[M]. 北京: 九州出版社, 2019.

[32] 常雪鹰. 教师教学技能培养系列教程: 中学语文[M]. 北京: 中国轻工业出版社, 2019.

[33] 冯东黎, 罗维希, 李艳飞. 中学语文教学论[M]. 成都: 四川大学出版社, 2019.

[34] 谭维河. 中学语文教学与实践探索[M]. 广州: 世界图书出版广东有限公司, 2019.

[35] 粟顺阳. 中学语文教学与管理研究[M]. 西安: 世界图书出版西安有限公司, 2019.

[36] 陈颖. 中学语文教学艺术研究[M]. 汕头: 汕头大学出版社, 2019.

[37] 刘玉萍, 郑书强. 中学英语与语文课堂教学研究[M]. 长春: 吉林出版集团股份有限公司, 2018.

[38] 刘珊. 中学语文教学案例[M]. 南昌: 江西人民出版社, 2018.

[39] 刘俊丽, 赵峰, 包艳秋. 漫谈中学语文教学[M]. 长春: 吉林大学出版社, 2018.

[40] 杨红梅. 中学语文教学与实践[M]. 长春: 吉林教育出版社, 2018.

[41] 赵凤龙. 中学语文教学实践研究[M]. 长春: 吉林教育出版社, 2018.

[42] 褚治明. 新生代中学语文教学流派研究[M]. 北京: 九州出版社, 2018.

[43] 秦红梅, 张莉萍, 何彦真. 语文教学方法创新与文学艺术思维[M]. 西安: 陕西旅游出版社, 2019.

[44] 康海荣. 新课程背景下的中学语文教学研究[M]. 北京: 北京工业大学出版社, 2018.

[45] 李福生. 翻转课堂在中学语文教学中的实践与研究[M]. 长春: 东北师范大学出版社, 2018.